AF192414

Heinrich Heine

Atta Troll

Ein Sommernachtstraum

Heinrich Heine: Atta Troll. Ein Sommernachtstraum

Erstdruck in: Zeitung für die elegante Welt (Leipzig), Januar bis
März 1843.

Neuausgabe mit einer Biographie des Autors
Herausgegeben von Karl-Maria Guth
Berlin 2016

Der Text dieser Ausgabe folgt:
Heinrich Heine: Werke und Briefe in zehn Bänden. Herausgegeben
von Hans Kaufmann, 2. Auflage, Berlin und Weimar: Aufbau,
1972.

Die Paginierung obiger Ausgabe wird hier als Marginalie
zeilengenau mitgeführt.

Umschlaggestaltung von Thomas Schultz-Overhage unter
Verwendung des Bildes: Friedrich Preller der Ältere, Der
Bärenführer, 1824

Gesetzt aus der Minion Pro, 11 pt

Verlag: Henricus - Edition Deutsche Klassik GmbH
Mörchinger Str. 33, 14169 Berlin, info@henricus-verlag.de
Druck: Libri Plureos GmbH, Friedensallee 273, 22763 Hamburg

Die Ausgaben der Sammlung Hofenberg basieren auf zuverlässigen
Textgrundlagen. Die Seitenkonkordanz zu anerkannten
Studienausgaben machen Hofenbergtexte auch in
wissenschaftlichem Zusammenhang zitierfähig.

ISBN 978-3-8430-9248-7

Bibliografische Information der Deutschen Nationalbibliothek

Die Deutsche Nationalbibliothek verzeichnet diese Publikation in
der Deutschen Nationalbibliografie; detaillierte bibliografische
Daten sind im Internet über www.dnb.de abrufbar.

Aus dem schimmernden, weißen Zelte hervor
Tritt der schlachtgerüstete, fürstliche Mohr;
So tritt aus schimmernder Wolken Tor
Der Mond, der verfinsterte, dunkle, hervor.

»Der Mohrenfürst« von Ferd. Freiligrath

Vorrede

Der »Atta Troll« entstand im Spätherbste 1841 und ward fragmentarisch abgedruckt in der »Eleganten Welt«, als mein Freund Heinrich Laube wieder die Redaktion derselben übernommen hatte. Inhalt und Zuschnitt des Gedichtes mußten den zahmen Bedürfnissen jener Zeitschrift entsprechen; ich schrieb vorläufig nur die Kapitel, die gedruckt werden konnten, und auch diese erlitten manche Variante. Ich hegte die Absicht, in späterer Vervollständigung das Ganze herauszugeben, aber es blieb immer bei dem lobenswerten Vorsatze, und wie allen großen Werken der Deutschen, wie dem Kölner Dome, dem Schellingschen Gotte, der preußischen Konstitution usw., ging es auch dem »Atta Troll« – er ward nicht fertig. In solcher unfertigen Gestalt, leidlich aufgestutzt und nur äußerlich geründet, übergebe ich ihn heute dem Publiko, einem Drange gehorchend, der wahrlich nicht von innen kommt.

Der »Atta Troll« entstand, wie gesagt, im Spätherbste 1841, zu einer Zeit, als die große Emeute, wo die verschiedenfarbigsten Feinde sich gegen mich zusammengerottet, noch nicht ganz ausgelärmt hatte. Es war eine sehr große Emeute, und ich hätte nie geglaubt, daß Deutschland so viele faule Äpfel hervor bringt, wie mir damals an den Kopf flogen! Unser Vaterland ist ein gesegnetes Land; es wachsen hier freilich keine Zitronen und keine Goldorangen, auch krüppelt sich der Lorbeer nur mühsam fort auf deutschem Boden, aber faule Äpfel gedeihen bei uns in erfreulichster Fülle, und alle unsere großen Dichter wußten davon ein Lied zu singen. Bei jener Emeute, wo ich Krone und Kopf verlieren sollte, verlor ich keins von beiden, und die absurden Anschuldigungen, womit man den Pöbel gegen mich aufhetzte, sind seitdem, ohne daß ich mich zu einer Widerrede herabzulassen brauchte, aufs kläglichste verschollen. Die Zeit übernahm meine Rechtfertigung, und auch die respektiven deutschen Regierungen, ich muß es dankbar anerkennen, haben sich in dieser Beziehung verdient um mich gemacht. Die Verhaftsbefehle, die von der deutschen Grenze an, auf jeder Station, die Heimkehr des Dichters mit Sehnsucht erwarten, werden gehörig renoviert, jedes Jahr, um die heilige Weihnachtzeit, wenn an den Christbäumen die gemütlichen Lämpchen funkeln. Wegen solcher Unsicherheit der Wege wird mir das Reisen in den deutschen Gauen schier verleidet, ich feiere deshalb meine Weihnachten in der Fremde und werde auch in der Fremde, im Exil, meine Tage beschließen. Die wackern Kämpen für Licht und Wahrheit, die mich der Wankelmütigkeit und des Knechtsinns beschuldigten, gehen unterdessen im Vaterlande sehr sicher umher, als wohlbestallte Staatsdiener, oder als Würdeträger einer Gilde, oder als Stammgäste eines Klubs, wo sie sich des Abends patriotisch erquicken am Rebensafte des Vater Rhein und an meerumschlungenen schleswig-holsteinschen Austern.

Ich habe oben mit besonderer Absicht angedeutet, in welcher Periode der »Atta Troll« entstanden ist. Damals blühte die sogenannte politische Dichtkunst. Die Opposition, wie Ruge sagt, verkaufte ihr Leder und ward Poesie. Die Musen bekamen die strenge Weisung, sich hinfüro nicht mehr müßig und leichtfertig umherzutreiben, sondern in vaterländischen Dienst zu treten, etwa als Marketenderinnen der Freiheit oder als Wäscherinnen der christlich-germanischen Nationalität. Es erhub sich im deutschen Bardenhain ganz besonders jener vage, unfruchtbare Pathos, jener nutzlose Enthusiasmusdunst, der sich mit Todesverachtung in einen Ozean von Allgemeinheiten stürzte und mich immer an den amerikanischen Matrosen erinnerte, welcher für den General Jackson so überschwenglich begeistert war, daß er einst von der Spitze eines Mastbaums ins Meer hinabsprang, indem er ausrief: »Ich sterbe für den General Jackson!« Ja, obgleich wir Deutschen noch keine Flotte besaßen, so hatten wir doch schon viele begeisterte Matrosen, die für den General Jackson starben, in Versen und in Prosa. Das Talent war damals eine sehr mißliche Begabung, denn es brachte in den Verdacht der Charakterlosigkeit. Die scheelsüchtige Impotenz hatte endlich, nach tausendjährigem Nachgrübeln, ihre große Waffe gefunden gegen die Übermüten des Genius; sie fand nämlich die Antithese von Talent und Charakter. Es war fast persönlich schmeichelhaft für die große Menge, wenn sie behaupten hörte, die braven Leute seien freilich in der Regel sehr schlechte Musikanten, dafür jedoch seien die guten Musikanten gewöhnlich nichts weniger als brave Leute, die Bravheit aber sei in der Welt die Hauptsache, nicht die Musik. Der leere Kopf pochte jetzt mit Fug auf sein volles Herz, und die Gesinnung war Trumpf. Ich erinnere mich eines damaligen Schriftstellers, der es sich als ein besonderes Verdienst anrechnete, daß er nicht schreiben könne; für seinen hölzernen Stil bekam er einen silbernen Ehrenbecher.

Bei den ewigen Göttern! damals galt es, die unveräußerlichen Rechte des Geistes zu vertreten, zumal in der Poesie. Wie eine solche Vertretung das große Geschäft meines Lebens war, so habe ich sie am allerwenigsten im vorliegenden Gedicht außer Augen gelassen, und sowohl Tonart als Stoff desselben war ein Protest gegen die Plebiszita der Tagestribünen. Und in der Tat, schon die ersten Fragmente, die vom »Atta Troll« gedruckt wurden, erregten die Galle meiner Charakterhelden, meiner Römer, die mich nicht bloß der literarischen, sondern auch der gesellschaftlichen Reaktion, ja sogar der Verhöhnung heiligster Menschheitsideen beschuldigten. Was den ästhetischen Wert meines Poems betrifft, so gab ich ihn gern preis, wie ich es auch heute noch tue; ich schrieb dasselbe zu meiner eignen Lust und Freude, in der grillenhaften Traumweise jener romantischen Schule, wo ich meine angenehmsten Jugendjahre verlebt und zuletzt den Schulmeister geprügelt habe. In dieser Beziehung ist mein Gedicht vielleicht verwerflich. Aber du lügst, Brutus, du lügst, Cassius, und auch du lügst, Asinius, wenn ihr behauptet, mein Spott träfe jene Ideen, die eine kostbare Errungenschaft der Menschheit sind und für die ich selber soviel gestritten und gelitten habe. Nein, eben weil dem Dichter jene Ideen in herrlichster Klarheit und Größe beständig vorschweben, ergreift ihn desto unwiderstehlicher die Lachlust, wenn er sieht, wie roh, plump und täppisch von der beschränkten Zeitgenossenschaft jene Ideen aufgefaßt werden können. Er scherzt dann gleichsam über ihre temporelle Bärenhaut. Es gibt Spiegel, welche so verschoben geschliffen sind, daß selbst ein Apollo sich darin als eine Karikatur abspiegeln muß und uns zum Lachen reizt. Wir lachen aber alsdann nur über das Zerrbild, nicht über den Gott.

Noch ein Wort. Bedarf es einer besondern Verwahrung, daß die Parodie eines Freiligrathschen Gedichtes, welche aus dem »Atta Troll« manchmal mutwillig hervorkichert und gleichsam seine komische Unterlage bildet, keineswegs eine Mißwürdigung des Dichters bezweckt? Ich schätze denselben hoch, zumal jetzt, und ich zähle ihn zu den bedeutendsten Dichtern, die seit der Juliusrevolution in Deutschland aufgetreten sind. Seine erste Gedichtesammlung kam mir sehr spät zu Gesicht, nämlich eben zur Zeit, als der »Atta Troll« entstand. Es mochte wohl an meiner damaligen Stimmung liegen, daß namentlich der »Mohrenfürst« so belustigend auf mich wirkte. Diese Produktion wird übrigens als die gelungenste gerühmt. Für Leser, welche diese Produktion gar nicht kennen – und es mag deren wohl in China und Japan geben, sogar am Niger und am Senegal –, für diese bemerke ich, daß der Mohrenkönig, der zu Anfang des Gedichtes aus seinem weißen Zelte, wie eine Mondfinsternis, hervortritt, auch eine schwarze Geliebte besitzt, über deren dunkles Antlitz die weißen Straußfedern nicken. Aber kriegsmutig verläßt er sie, er zieht in die Negerschlacht, wo da rasselt die Trommel, mit Schädeln behangen – ach, er findet dort sein schwarzes Waterloo und wird von den Siegern an die Weißen verkauft. Diese schleppen den edlen Afrikaner nach Europa, und hier finden wir ihn wieder im Dienste einer herumziehenden Reutergesellschaft, die ihm, bei ihren Kunstvorstellungen, die türkische Trommel anvertraut hat. Da steht er nun, finster und ernsthaft, am Eingange der Reitbahn und trommelt, doch während des Trommelns denkt er an seine ehemalige Größe, er denkt daran, daß er einst ein absoluter Monarch war, am fernen, fernen Niger, und daß er gejagt den Löwen, den Tiger –

> »Sein Auge ward naß; mit dumpfem Klang
> Schlug er das Fell, daß es rasselnd zersprang.«

Geschrieben zu Paris im Dezember 1846

Heinrich Heine

Caput I

Rings umragt von dunklen Bergen,
Die sich trotzig übergipfeln,
Und von wilden Wasserstürzen
Eingelullet, wie ein Traumbild,

Liegt im Tal das elegante
Cauterets. Die weißen Häuschen
Mit Balkonen; schöne Damen
Stehn darauf und lachen herzlich.

Herzlich lachend schaun sie nieder
Auf den wimmelnd bunten Marktplatz,
Wo da tanzen Bär und Bärin
Bei des Dudelsackes Klängen.

Atta Troll und seine Gattin,
Die geheißen schwarze Mumma,
Sind die Tänzer, und es jubeln
Vor Bewundrung die Baskesen.

Steif und ernsthaft, mit Grandezza,
Tanzt der edle Atta Troll,
Doch der zott'gen Ehehälfte
Fehlt die Würde, fehlt der Anstand.

Ja, es will mich schier bedünken,
Daß sie manchmal cancaniere,
Und gemütlos frechen Steißwurfs
An die Grand'-Chaumière erinnre.

Auch der wackre Bärenführer,
Der sie an der Kette leitet,
Scheint die Immoralität
Ihres Tanzes zu bemerken.

Und er langt ihr manchmal über
Ein'ge Hiebe mit der Peitsche,
Und die schwarze Mumma heult dann,
Daß die Berge widerhallen.

Dieser Bärenführer trägt
Sechs Madonnen auf dem Spitzhut,
Die sein Haupt vor Feindeskugeln
Oder Läusen schützen sollen.

Über seine Schulter hängt
Eine bunte Altardecke,
Die als Mantel sich gebärdet;
Drunter lauscht Pistol und Messer.

War ein Mönch in seiner Jugend,
Später ward er Räuberhauptmann;
Beides zu verein'gen, nahm er
Endlich Dienste bei Don Carlos.

Als Don Carlos fliehen mußte
Mit der ganzen Tafelrunde,
Und die meisten Paladine
Nach honettem Handwerk griffen –

(Herr Schnapphahnski wurde Autor) –,
Da ward unser Glaubensritter
Bärenführer, zog durchs Land
Mit dem Atta Troll und Mumma.

Und er läßt die beiden tanzen
Vor dem Volke, auf den Märkten; –
Auf dem Markt von Cauterets
Tanzt gefesselt Atta Troll!

350

Atta Troll, der einst gehauset,
Wie ein stolzer Fürst der Wildnis,

8

Auf den freien Bergeshöhen,
Tanzt im Tal vor Menschenpöbel!

Und sogar für schnödes Geld
Muß er tanzen, er, der weiland,
In des Schreckens Majestät,
Sich so welterhaben fühlte!

Denkt er seiner Jugendtage,
Der verlornen Waldesherrschaft,
Dann erbrummen dunkle Laute
Aus der Seele Atta Trolls;

Finster schaut er wie ein schwarzer
Freiligräthscher Mohrenfürst,
Und wie dieser schlecht getrommelt,
Also tanzt er schlecht vor Ingrimm.

Doch statt Mitgefühl erregt er
Nur Gelächter. Selbst Juliette
Lacht herunter vom Balkone
Ob den Sprüngen der Verzweiflung. – –

Juliette hat im Busen
Kein Gemüt, sie ist Französin,
Lebt nach außen; doch ihr Äußres
Ist entzückend, ist bezaubernd.

Ihre Blicke sind ein süßes
Strahlennetz, in dessen Maschen
Unser Herz, gleich einem Fischlein,
Sich verfängt und zärtlich zappelt.

Caput II

Daß ein schwarzer Freiligräthscher
Mohrenfürst sehnsüchtig lospaukt
Auf das Fell der großen Trommel,
Bis es prasselnd laut entzweispringt:

Das ist wahrhaft trommelrührend
Und auch trommelfellerschütternd –
Aber denkt euch einen Bären,
Der sich von der Kette losreißt!

Die Musik und das Gelächter,
Sie verstummen, und mit Angstschrei
Stürzt vom Markte fort das Volk,
Und die Damen, sie erbleichen.

Ja, von seiner Sklavenfessel
Hat sich plötzlich losgerissen
Atta Troll. Mit wilden Sprüngen
Durch die engen Straßen rennend –

(Jeder macht ihm höflich Platz) –,
Klettert er hinauf die Felsen,
Schaut hinunter, wie verhöhnend,
Und verschwindet im Gebirge.

Auf dem leeren Marktplatz bleiben
Ganz allein die schwarze Mumma
Und der Bärenführer. Rasend
Schmeißt er seinen Hut zur Erde,

Trampelt drauf, er tritt mit Füßen
Die Madonnen! reißt die Decke
Sich vom scheußlich nackten Leib,
Flucht und jammert über Undank,

Über schwarzen Bärenundank!
Denn er habe Atta Troll
Stets wie einen Freund behandelt
Und im Tanzen unterrichtet.

Alles hab er ihm zu danken,
Selbst das Leben! Bot man doch
Ihm vergebens hundert Taler
Für die Haut des Atta Troll!

Auf die arme schwarze Mumma,
Die, ein Bild des stummen Grames,
Flehend, auf den Hintertatzen,
Vor dem Hocherzürnten stehnblieb,

Fällt des Hocherzürnten Wut
Endlich doppelt schwer, er schlägt sie,
Nennt sie Königin Christine,
Auch Frau Muñoz und Putana. – –

Das geschah an einem schönen,
Warmen Sommernachmittage,
Und die Nacht, die jenem Tage
Lieblich folgte, war süperbe.

Ich verbrachte fast die Hälfte
Jener Nacht auf dem Balkone.
Neben mir stand Juliette
Und betrachtete die Sterne.

Seufzend sprach sie: »Ach, die Sterne
Sind am schönsten in Paris,
Wenn sie dort, des Winterabends,
In dem Straßenkot sich spiegeln.«

Caput III

Traum der Sommernacht! Phantastisch
Zwecklos ist mein Lied. Ja, zwecklos
Wie die Liebe, wie das Leben,
Wie der Schöpfer samt der Schöpfung!

Nur der eignen Lust gehorchend,
Galoppierend oder fliegend,
Tummelt sich im Fabelreiche
Mein geliebter Pegasus.

Ist kein nützlich tugendhafter
Karrengaul des Bürgertums,
Noch ein Schlachtpferd der Parteiwut,
Das pathetisch stampft und wiehert!

Goldbeschlagen sind die Hufen
Meines weißen Flügelrößleins,
Perlenschnüre sind die Zügel,
Und ich laß sie lustig schießen.

Trage mich, wohin du willst!
Über luftig steilen Bergpfad,
Wo Kaskaden angstvoll kreischend
Vor des Unsinns Abgrund warnen!

Trage mich durch stille Täler,
Wo die Eichen ernsthaft ragen
Und den Wurzelknorr'n entrieselt
Uralt süßer Sagenquell!

Laß mich trinken dort und nässen
Meine Augen – ach, ich lechze
Nach dem lichten Wunderwasser,
Welches sehend macht und wissend.

354

Jede Blindheit weicht! Mein Blick
Dringt bis in die tiefste Steinkluft,
In die Höhle Atta Trolls –
Ich verstehe seine Reden!

Sonderbar! wie wohlbekannt
Dünkt mir diese Bärensprache!
Hab ich nicht in teurer Heimat
Früh vernommen diese Laute?

Caput IV

Ronceval, du edles Tal!
Wenn ich deinen Namen höre,
Bebt und duftet mir im Herzen
Die verschollne blaue Blume!

Glänzend steigt empor die Traumwelt,
Die jahrtausendlich versunken,
Und die großen Geisteraugen
Schaun mich an, daß ich erschrecke!

Und es klirrt und tost! Es kämpfen
Sarazen und Frankenritter;
Wie verzweifelnd, wie verblutend,
Klingen Rolands Waldhornrüfe!

In dem Tal von Ronceval,
Unfern von der Rolandsscharte –
So geheißen, weil der Held,
Um sich einen Weg zu bahnen,

Mit dem guten Schwert Duranda
Also todesgrimmig einhieb
In die Felswand, daß die Spuren
355 Bis auf heut'gem Tage sichtbar –

Dort in einer düstren Steinschlucht,
Die umwachsen von dem Buschwerk
Wilder Tannen, tief verborgen,
Liegt die Höhle Atta Trolls.

Dort, im Schoße der Familie,
Ruht er aus von den Strapazen
Seiner Flucht und von der Mühsal
Seiner Völkerschau und Weltfahrt.

Süßes Wiedersehn! Die Jungen
Fand er in der teuren Höhle,
Wo er sie gezeugt mit Mumma;
Söhne vier und Töchter zwei.

Wohlgeleckte Bärenjungfraun,
Blond von Haar, wie Pred'gerstöchter;
Braun die Buben, nur der Jüngste
Mit dem einz'gen Ohr ist schwarz.

Dieser Jüngste war das Herzblatt
Seiner Mutter, die ihm spielend
Abgebissen einst ein Ohr;
Und sie fraß es auf vor Liebe.

Ist ein genialer Jüngling,
Für Gymnastik sehr begabt,
Und er schlägt die Purzelbäume
Wie der Turnkunstmeister Maßmann.

Blüte autochthoner Bildung,
Liebt er nur die Muttersprache,
Lernte nimmer den Jargon
Des Hellenen und des Römlings.

Frisch und frei und fromm und fröhlich,
Ist verhaßt ihm alle Seife,

Luxus des modernen Waschens,
Wie dem Turnkunstmeister Maßmann.

Am genialsten ist der Jüngling,
Wenn er klettert auf dem Baume,
Der, entlang der steilsten Felswand,
Aus der tiefen Schlucht emporsteigt

Und hinaufragt bis zur Koppe,
Wo des Nachts die ganze Sippschaft
Sich versammelt um den Vater,
Kosend in der Abendkühle.

Gern erzählt alsdann der Alte,
Was er in der Welt erlebte,
Wie er Menschen viel und Städte
Einst gesehn, auch viel erduldet,

Gleich dem edlen Laertiaden,
Diesem nur darin unähnlich,
Daß die Gattin mit ihm reiste,
Seine schwarze Penelope.

Auch erzählt dann Atta Troll
Von dem kolossalen Beifall,
Den er einst durch seine Tanzkunst
Eingeerntet bei den Menschen.

Er versichert, jung und alt
Habe jubelnd ihn bewundert,
Wenn er tanzte auf den Märkten
Bei der Sackpfeif' süßen Tönen.

Und die Damen ganz besonders,
Diese zarten Kennerinnen,
Hätten rasend applaudiert
Und ihm huldreich zugeäugelt.

Oh, der Künstlereitelkeiten!
Schmunzelnd denkt der alte Tanzbär
An die Zeit, wo sein Talent
Vor dem Publiko sich zeigte.

Übermannt von Selbstbegeistrung,
Will er durch die Tat bekunden,
Daß er nicht ein armer Prahlhans,
Daß er wirklich groß als Tänzer –

Und vom Boden springt er plötzlich,
Stellt sich auf die Hintertatzen,
Und wie eh'mals tanzt er wieder
Seinen Leibtanz, die Gavotte.

Stumm, mit aufgesperrten Schnauzen,
Schauen zu die Bärenjungen,
Wie der Vater hin und her springt
Wunderbar im Mondenscheine.

Caput V

In der Höhle, bei den Seinen,
Liegt gemütskrank auf dem Rücken
Atta Troll, nachdenklich saugt er
An den Tatzen, saugt und brummt:

»Mumma, Mumma, schwarze Perle,
Die ich in dem Meer des Lebens
Aufgefischt, im Meer des Lebens
Hab ich wieder dich verloren!

358

Werd ich nie dich wiedersehen,
Oder nur jenseits des Grabes,
Wo von Erdenzotteln frei
Sich verkläret deine Seele?

16

Ach! vorher möcht ich noch einmal
Lecken an der holden Schnauze
Meiner Mumma, die so süße,
Wie mit Honigseim bestrichen!

Möchte auch noch einmal schnüffeln
Den Geruch, der eigentümlich
Meiner teuren schwarzen Mumma,
Und wie Rosenduft so lieblich!

Aber ach! die Mumma schmachtet
In den Fesseln jener Brut,
Die den Namen Menschen führet,
Und sich Herrn der Schöpfung dünkelt.

Tod und Hölle! Diese Menschen,
Diese Erzaristokraten,
Schaun auf das gesamte Tierreich
Frech und adelstolz herunter,

Rauben Weiber uns und Kinder,
Fesseln uns, mißhandeln, töten
Uns sogar, um zu verschachern
Unsre Haut und unsern Leichnam!

Und sie glauben sich berechtigt,
Solche Untat auszuüben
Ganz besonders gegen Bären,
Und sie nennen's Menschenrechte!

Menschenrechte! Menschenrechte!
Wer hat euch damit belehnt?
Nimmer tat es die Natur,
Diese ist nicht unnatürlich.

Menschenrechte! Wer gab euch
Diese Privilegien?

Wahrlich nimmer die Vernunft,
Die ist nicht so unvernünftig!

Menschen, seid ihr etwa besser
Als wir andre, weil gesotten
Und gebraten eure Speisen?
Wir verzehren roh die unsern,

Doch das Resultat am Ende
Ist dasselbe – Nein, es adelt
Nicht die Atzung; der ist edel,
Welcher edel fühlt und handelt.

Menschen, seid ihr etwa besser,
Weil ihr Wissenschaft und Künste
Mit Erfolg betreibt? Wir andre
Sind nicht auf den Kopf gefallen.

Gibt es nicht gelehrte Hunde?
Und auch Pferde, welche rechnen
Wie Kommerzienräte? Trommeln
Nicht die Hasen ganz vorzüglich?

Hat sich nicht in Hydrostatik
Mancher Biber ausgezeichnet?
Und verdankt man nicht den Störchen
Die Erfindung der Klistiere?

360

Schreiben Esel nicht Kritiken?
Spielen Affen nicht Komödie?
Gibt es eine größre Mimin,
Als Batavia, die Meerkatz'?

Singen nicht die Nachtigallen?
Ist der Freiligrath kein Dichter?
Wer besäng den Löwen besser
Als sein Landsmann, das Kamel?

In der Tanzkunst hab ich selber
Es so weit gebracht wie Raumer
In der Schreibkunst – schreibt er besser,
Als ich tanze, ich der Bär?

Menschen, warum seid ihr besser
Als wir andre? Aufrecht tragt ihr
Zwar das Haupt, jedoch im Haupte
Kriechen niedrig die Gedanken.

Menschen, seid ihr etwa besser
Als wir andre, weil eu'r Fell
Glatt und gleißend? Diesen Vorzug
Müßt ihr mit den Schlangen teilen.

Menschenvolk, zweibein'ge Schlangen,
Ich begreife wohl, warum ihr
Hosen tragt! Mit fremder Wolle
Deckt ihr eure Schlangennacktheit.

Kinder! hütet euch vor jenen
Unbehaarten Mißgeschöpfen!
Meine Töchter! Traut nur keinem
Untier, welches Hosen trägt!«

Weiter will ich nicht berichten,
Wie der Bär in seinem frechen
Gleichheitsschwindel räsonierte
Auf das menschliche Geschlecht.

Denn am Ende bin ich selber
Auch ein Mensch, und wiederholen
Will ich nimmer die Sottisen,
Die am Ende sehr beleid'gend.

Ja, ich bin ein Mensch, bin besser
Als die andern Säugetiere;

Die Intressen der Geburt
Werd ich nimmermehr verleugnen.

Und im Kampf mit andern Bestien
Werd ich immer treulich kämpfen
Für die Menschheit, für die heil'gen
Angebornen Menschenrechte.

Caput VI

Doch es ist vielleicht ersprießlich
Für den Menschen, der den höhern
Viehstand bildet, daß er wisse,
Was da unten räsoniert wird.

Ja, da unten in den düstern
Jammersphären der Gesellschaft,
In den niedern Tierweltschichten,
Brütet Elend, Stolz und Groll.

Was naturgeschichtlich immer,
Also auch gewohnheitsrechtlich,
Seit Jahrtausenden bestanden,
Wird negiert mit frecher Schnauze.

Von den Alten wird den Jungen
Eingebrummt die böse Irrlehr',
Die auf Erden die Kultur
Und Humanität bedroht.

»Kinder« – grommelt Atta Troll,
Und er wälzt sich hin und her
Auf dem teppichlosen Lager –
»Kinder, uns gehört die Zukunft!

Dächte jeder Bär und dächten
Alle Tiere so wie ich,

362

Mit vereinten Kräften würden
Wir bekämpfen die Tyrannen.

Es verbände sich der Eber
Mit dem Roß, der Elefant
Schlänge brüderlich den Rüssel
Um das Horn des wackern Ochsen;

Bär und Wolf, von jeder Farbe,
Bock und Affe, selbst der Hase,
Wirkten ein'ge Zeit gemeinsam,
Und der Sieg könnt uns nicht fehlen.

Einheit, Einheit ist das erste
Zeitbedürfnis. Einzeln wurden
Wir geknechtet, doch verbunden
Übertölpeln wir die Zwingherrn.

Einheit! Einheit! und wir siegen,
Und es stürzt das Regiment
Schnöden Monopols! Wir stiften
Ein gerechtes Animalreich.

Grundgesetz sei volle Gleichheit
Aller Gotteskreaturen,
Ohne Unterschied des Glaubens
Und des Fells und des Geruches.

Strenge Gleichheit! Jeder Esel
Sei befugt zum höchsten Staatsamt,
Und der Löwe soll dagegen
Mit dem Sack zur Mühle traben.

Was den Hund betrifft, so ist er
Freilich ein serviler Köter,
Weil Jahrtausende hindurch
Ihn der Mensch wie 'n Hund behandelt;

363

Doch in unserm Freistaat geben
Wir ihm wieder seine alten
Unveräußerlichen Rechte,
Und er wird sich bald veredeln.

Ja, sogar die Juden sollen
Volles Bürgerrecht genießen
Und gesetzlich gleichgestellt sein
Allen andern Säugetieren.

Nur das Tanzen auf den Märkten
Sei den Juden nicht gestattet;
Dies Amendement, ich mach es
Im Intresse meiner Kunst.

Denn der Sinn für Stil, für strenge
Plastik der Bewegung, fehlt
Jener Rasse, sie verdürben
Den Geschmack des Publikums.«

Caput VII

Düster, in der düstern Höhle,
Hockt im trauten Kreis der Seinen
Atta Troll, der Menschenfeind,
Und er brummt und fletscht die Zähne:

»Menschen, schnippische Kanaillen!
Lächelt nur! Von eurem Lächeln
Wie von eurem Joch wird endlich
Uns der große Tag erlösen!

Mich verletzte stets am meisten
Jenes sauersüße Zucken
Um das Maul – ganz unerträglich
Wirkt auf mich dies Menschenlächeln!

Wenn ich in dem weißen Antlitz
Das fatale Zucken schaute,
Drehten sich herum entrüstet
Mir im Bauche die Gedärme.

Weit impertinenter noch
Als durch Worte offenbart sich
Durch das Lächeln eines Menschen
Seiner Seele tiefste Frechheit.

Immer lächeln sie! Sogar
Wo der Anstand einen tiefen
Ernst erfordert, in der Liebe
Feierlichstem Augenblick!

Immer lächeln sie! Sie lächeln
Selbst im Tanzen. Sie entweihen
Solchermaßen diese Kunst,
Die ein Kultus bleiben sollte.

Ja, der Tanz, in alten Zeiten,
War ein frommer Akt des Glaubens;
Um den Altar drehte heilig
Sich der priesterliche Reigen.

Also vor der Bundeslade
Tanzte weiland König David;
Tanzen war ein Gottesdienst,
War ein Beten mit den Beinen!

Also hab auch ich den Tanz
Einst begriffen, wenn ich tanzte
Auf den Märkten vor dem Volk,
Das mir großen Beifall zollte.

Dieser Beifall, ich gesteh es,
Tat mir manchmal wohl im Herzen;

Denn Bewundrung selbst dem Feinde
Abzutrotzen, das ist süß!

Aber selbst im Enthusiasmus
Lächeln sie. Ohnmächtig ist
Selbst die Tanzkunst, sie zu bessern,
Und sie bleiben stets frivol.«

Caput VIII

Mancher tugendhafte Bürger
Duftet schlecht auf Erden, während
Fürstenknechte mit Lavendel
Oder Ambra parfümiert sind.

Jungfräuliche Seelen gibt es,
Die nach grüner Seife riechen,
Und das Laster hat zuweilen
Sich mit Rosenöl gewaschen.

366

Darum rümpfe nicht die Nase,
Teurer Leser, wenn die Höhle
Atta Trolls dich nicht erinnert
An Arabiens Spezerei'n.

Weile mit mir in dem Dunstkreis,
In dem trüben Mißgeruche,
Wo der Held zu seinem Sohne
Wie aus einer Wolke spricht:

»Kind, mein Kind, du meiner Lenden
Jüngster Sprößling, leg dein Einohr
An die Schnauze des Erzeugers
Und saug ein mein ernstes Wort!

Hüte dich vor Menschendenkart,
Sie verdirbt dir Leib und Seele;

Unter allen Menschen gibt es
Keinen ordentlichen Menschen.

Selbst die Deutschen, einst die Bessern,
Selbst die Söhne Tuiskions,
Unsre Vettern aus der Urzeit,
Diese gleichfalls sind entartet.

Sind jetzt glaubenlos und gottlos,
Pred'gen gar den Atheismus –
Kind, mein Kind, nimm dich in acht
Vor dem Feuerbach und Bauer!

Werde nur kein Atheist,
So ein Unbär ohne Ehrfurcht
Vor dem Schöpfer – ja, ein Schöpfer
Hat erschaffen dieses Weltall!

In der Höhe Sonn' und Mond,
Auch die Sterne (die geschwänzten
Gleichfalls wie die ungeschwänzten)
Sind der Abglanz seiner Allmacht.

In der Tiefe, Land und Meer,
Sind das Echo seines Ruhmes,
Und jedwede Kreatur
Preiset seine Herrlichkeiten.

Selbst das kleinste Silberläuschen,
Das im Bart des greisen Pilgers
Teilnimmt an der Erdenwallfahrt,
Singt des Ew'gen Lobgesang!

Droben in dem Sternenzelte,
Auf dem goldnen Herrscherstuhle,
Weltregierend, majestätisch,
Sitzt ein kolossaler Eisbär.

Fleckenlos und schneeweiß glänzend
Ist sein Pelz; es schmückt sein Haupt
Eine Kron' von Diamanten,
Die durch alle Himmel leuchtet.

In dem Antlitz Harmonie
Und des Denkens stumme Taten;
Mit dem Zepter winkt er nur,
Und die Sphären klingen, singen.

Ihm zu Füßen sitzen fromm
Bärenheil'ge, die auf Erden
Still geduldet, in den Tatzen
Ihres Martyrtumes Palmen.

368

Manchmal springt der eine auf,
Auch der andre, wie vom Heil'gen
Geist geweckt, und sieh! da tanzen
Sie den feierlichsten Hochtanz –

Hochtanz, wo der Strahl der Gnade
Das Talent entbehrlich machte,
Und vor Seligkeit die Seele
Aus der Haut zu springen sucht!

Werde ich unwürd'ger Troll
Einstens solchen Heils teilhaftig?
Und aus irdisch niedrer Trübsal
Übergehn ins Reich der Wonne?

Werd ich selber, himmelstrunken,
Droben in dem Sternenzelte,
Mit der Glorie, mit der Palme
Tanzen vor dem Thron des Herrn?«

Caput IX

Wie die scharlachrote Zunge,
Die ein schwarzer Freiligräthscher
Mohrenfürst verhöhnend grimmig
Aus dem düstern Maul hervorstreckt:

Also tritt der Mond aus dunkelm
Wolkenhimmel. Fernher brausen
Wasserstürze, ewig schlaflos
Und verdrießlich in der Nacht.

Atta Troll steht auf der Koppe
Seines Lieblingsfelsens einsam,
Einsam, und er heult hinunter
In den Nachtwind, in den Abgrund:

»Ja, ich bin ein Bär, ich bin es,
Bin es, den ihr Zottelbär,
Brummbär, Isegrim und Petz
Und Gott weiß wie sonst noch nennet.

Ja, ich bin ein Bär, ich bin es,
Bin die ungeschlachte Bestie,
Bin das plumpe Trampeltier
Eures Hohnes, eures Lächelns!

Bin die Zielscheib' eures Witzes,
Bin das Ungetüm, womit
Ihr die Kinder schreckt des Abends,
Die unart'gen Menschenkinder.

Bin das rohe Spottgebilde
Eurer Ammenmärchen, bin es,
Und ich ruf es laut hinunter
In die schnöde Menschenwelt.

Hört es, hört, ich bin ein Bär,
Nimmer schäm ich mich des Ursprungs,
Und bin stolz darauf, als stammt' ich
Ab von Moses Mendelssohn!«

Caput X

Zwo Gestalten, wild und mürrisch,
Und auf allen vieren rutschend,
Brechen Bahn sich durch den dunklen
Tannengrund, um Mitternacht.

Das ist Atta Troll, der Vater,
Und sein Söhnchen, Junker Einohr.
Wo der Wald sich dämmernd lichtet,
Bei dem Blutstein, stehn sie stille.

»Dieser Stein« – brummt Atta Troll –
»Ist der Altar, wo Druiden
In der Zeit des Aberglaubens
Menschenopfer abgeschlachtet.

O der schauderhaften Greuel!
Denk ich dran, sträubt sich das Haar
Auf dem Rücken mir – Zur Ehre
Gottes wurde Blut vergossen!

Jetzt sind freilich aufgeklärter
Diese Menschen, und sie töten
Nicht einander mehr aus Eifer
Für die himmlischen Intressen; –

Nein, nicht mehr der fromme Wahn,
Nicht die Schwärmerei, nicht Tollheit,
Sondern Eigennutz und Selbstsucht
Treibt sie jetzt zu Mord und Totschlag.

Nach den Gütern dieser Erde
Greifen alle um die Wette,
Und das ist ein ew'ges Raufen,
Und ein jeder stiehlt für sich!

Ja, das Erbe der Gesamtheit
Wird dem einzelnen zur Beute,
Und von Rechten des Besitzes
Spricht er dann, von Eigentum!

Eigentum! Recht des Besitzes!
O des Diebstahls! O der Lüge!
Solch Gemisch von List und Unsinn
Konnte nur der Mensch erfinden.

Keine Eigentümer schuf
Die Natur, denn taschenlos,
Ohne Taschen in den Pelzen,
Kommen wir zur Welt, wir alle.

Keinem von uns allen wurden
Angeboren solche Säckchen
In dem äußern Leibesfelle,
Um den Diebstahl zu verbergen.

Nur der Mensch, das glatte Wesen,
Das mit fremder Wolle künstlich
Sich bekleidet, wußt auch künstlich
Sich mit Taschen zu versorgen.

Eine Tasche! Unnatürlich
Ist sie wie das Eigentum,
Wie die Rechte des Besitzes –
Taschendiebe sind die Menschen!

Glühend haß ich sie! Vererben
Will ich dir, mein Sohn, den Haß.

Hier auf diesem Altar sollst du
Ew'gen Haß den Menschen schwören!

Sei der Todfeind jener argen
Unterdrücker, unversöhnlich,
Bis ans Ende deiner Tage –
Schwör es, schwör es hier, mein Sohn!«

Und der Jüngling schwur, wie eh'mals
Hannibal. Der Mond beschien
Gräßlich gelb den alten Blutstein
Und die beiden Misanthropen. – –

Später wollen wir berichten,
Wie der Jungbär treu geblieben
Seinem Eidschwur; unsre Leier
Feiert ihn im nächsten Epos.

372

Was den Atta anbetrifft,
So verlassen wir ihn gleichfalls,
Doch um später ihn zu treffen,
Desto sichrer, mit der Kugel.

Deine Untersuchungsakten,
Hochverräter an der Menschheit
Majestät! sind jetzt geschlossen;
Morgen wird auf dich gefahndet.

Caput XI

Wie verschlafne Bajaderen
Schaun die Berge, stehen fröstelnd
In den weißen Nebelhemden,
Die der Morgenwind bewegt.

Doch sie werden bald ermuntert
Von dem Sonnengott, er streift

Ihnen ab die letzte Hülle
Und bestrahlt die nackte Schönheit!

In der Morgenfrühe war ich
Mit Laskaro ausgezogen
Auf die Bärenjagd. Um Mittag
Kamen wir zum Pont d'Espagne.

So geheißen ist die Brücke,
Die aus Frankreich führt nach Spanien,
Nach dem Land der Westbarbaren,
Die um tausend Jahr' zurück sind.

Sind zurück um tausend Jahre
In moderner Weltgesittung –
Meine eignen Ostbarbaren
Sind es nur um ein Jahrhundert.

Zögernd, fast verzagt, verließ ich
Den geweihten Boden Frankreichs,
Dieses Vaterlands der Freiheit
Und der Frauen, die ich liebe.

Mitten auf dem Pont d'Espagne
Saß ein armer Spanier. Elend
Lauschte aus des Mantels Löchern,
Elend lauschte aus den Augen.

Eine alte Mandoline
Kneipte er mit magern Fingern;
Schriller Mißlaut, der verhöhnend
Aus den Klüften widerhallte.

Manchmal beugt' er sich hinunter
Nach dem Abgrund, und er lachte,
Klimperte nachher noch toller,
Und er sang dabei die Worte:

»Mitten drin in meinem Herzen
Steht ein kleines güldnes Tischchen,
Um das kleine güldne Tischchen
Stehn vier kleine güldne Stühlchen.

Auf den güldnen Stühlchen sitzen
Kleine Dämchen, güldne Pfeile
Im Chignon; sie spielen Karten,
Aber Klara nur gewinnt.

Sie gewinnt und lächelt schalkhaft.
Ach, in meinem Herzen, Klara,
Wirst du jedesmal gewinnen,
Denn du hast ja alle Trümpfe.« –

374

Weiterwandernd, zu mir selber
Sprach ich: ›Sonderbar, der Wahnsinn
Sitzt und singt auf jener Brücke,
Die aus Frankreich führt nach Spanien.

Ist der tolle Bursch das Sinnbild
Vom Ideentausch der Länder?
Oder ist er seines Volkes
Sinnverrücktes Titelblatt?‹

Gegen Abend erst erreichten
Wir die klägliche Posada,
Wo die Ollea Potrida
Dampfte in der schmutz'gen Schüssel.

Dorten aß ich auch Garbanzos,
Groß und schwer wie Flintenkugeln,
Unverdaulich selbst dem Deutschen,
Der mit Klößen aufgewachsen.

Und ein Seitenstück der Küche
War das Bett. Ganz mit Insekten

Wie gepfeffert – Ach! die Wanzen
Sind des Menschen schlimmste Feinde.

Schlimmer als der Zorn von tausend
Elefanten ist die Feindschaft
Einer einz'gen kleinen Wanze,
Die auf deinem Lager kriecht.

Mußt dich ruhig beißen lassen –
Das ist schlimm – Noch schlimmer ist es,
Wenn du sie zerdrückst: der Mißduft
Quält dich dann die ganze Nacht.

Ja, das Schrecklichste auf Erden
Ist der Kampf mit Ungeziefer,
Dem Gestank als Waffe dient –
Das Duell mit einer Wanze!

Caput XII

Wie sie schwärmen, die Poeten,
Selbst die zahmen! und sie singen
Und sie sagen: die Natur
Sei ein großer Tempel Gottes;

Sei ein Tempel, dessen Prächte
Von dem Ruhm des Schöpfers zeugten,
Sonne, Mond und Sterne hingen
Dort als Lampen in der Kuppel.

Immerhin, ihr guten Leute!
Doch gesteht, in diesem Tempel
Sind die Treppen unbequem –
Niederträchtig schlechte Treppen!

Dieses Ab- und Niedersteigen,
Bergaufklimmen und das Springen

Über Blöcke, es ermüdet
Meine Seel' und meine Beine.

Neben mir schritt der Laskaro,
Blaß und lang, wie eine Kerze;
Niemals spricht er, niemals lacht er,
Er, der tote Sohn der Hexe.

Ja, es heißt, er sei ein Toter,
Längst verstorben, doch der Mutter,
Der Uraka, Zauberkünste
Hielten scheinbar ihn am Leben. –

376

Die verwünschten Tempeltreppen!
Daß ich stolpernd in den Abgrund
Nicht den Hals gebrochen mehrmals,
Ist mir heut noch unbegreiflich.

Wie die Wasserstürze kreischten!
Wie der Wind die Tannen peitschte,
Daß sie heulten! Plötzlich platzten
Auch die Wolken – schlechtes Wetter!

In der kleinen Fischerhütte,
An dem Lac de Gobe fanden
Wir ein Obdach und Forellen;
Diese aber schmeckten köstlich.

In dem Polsterstuhle lehnte,
Krank und grau, der alte Fährmann.
Seine beiden schönen Nichten,
Gleich zwei Engeln, pflegten seiner.

Dicke Engel, etwas flämisch,
Wie entsprungen aus dem Rahmen
Eines Rubens: goldne Locken,
Kerngesunde, klare Augen,

Grübchen in Zinnoberwangen,
Drin die Schalkheit heimlich kichert,
Und die Glieder stark und üppig,
Lust und Furcht zugleich erregend.

Hübsche, herzliche Geschöpfe,
Die sich köstlich disputierten:
Welcher Trank dem siechen Oheim
Wohl am besten munden würde?

Reicht die eine ihm die Schale
Mit gekochten Lindenblüten,
Dringt die andre auf ihn ein
Mit Holunderblumenaufguß.

»Keins von beiden will ich saufen«
Rief der Alte ungeduldig –
»Holt mir Wein, daß ich den Gästen
Einen bessern Trunk kredenze!«

Ob es wirklich Wein gewesen,
Was ich trank am Lac de Gobe,
Weiß ich nicht. In Braunschweig hätt ich
Wohl geglaubt, es wäre Mumme.

Von dem besten schwarzen Bocksfell
War der Schlauch; er stank vorzüglich.
Doch der Alte trank so freudig,
Und er ward gesund und heiter.

Er erzählte uns die Taten
Der Banditen und der Schmuggler,
Die da hausen, frei und frank,
In den Pyrenäenwäldern.

Auch von älteren Geschichten
Wußt er viele, unter andern

Auch die Kämpfe der Giganten
Mit den Bären in der Vorzeit.

Ja, die Riesen und die Bären
Stritten weiland um die Herrschaft
Dieser Berge, dieser Täler,
Eh' die Menschen eingewandert.

378

Bei der Menschen Ankunft flohen
Aus dem Lande fort die Riesen,
Wie verblüfft; denn wenig Hirn
Steckt in solchen großen Köpfen.

Auch behauptet man: die Tölpel,
Als sie an das Meer gelangten
Und gesehn, wie sich der Himmel
In der blauen Flut gespiegelt,

Hätten sie geglaubt, das Meer
Sei der Himmel, und sie stürzten
Sich hinein mit Gottvertrauen;
Seien sämtlich dort ersoffen.

Was die Bären anbeträfe,
So vertilge jetzt der Mensch
Sie allmählich, jährlich schwände
Ihre Zahl in dem Gebirge.

»So macht einer« – sprach der Alte –
»Platz dem andern auf der Erde.
Nach dem Untergang der Menschen
Kommt die Herrschaft an die Zwerge,

An die winzig klugen Leutchen,
Die im Schoß der Berge hausen,
In des Reichtums goldnen Schachten,
Emsig klaubend, emsig sammelnd.

Wie sie lauern aus den Löchern,
Mit den pfiffig kleinen Köpfchen,
Sah ich selber oft im Mondschein,
Und mir graute vor der Zukunft!

Vor der Geldmacht jener Knirpse!
Ach, ich fürchte, unsre Enkel
Werden sich wie dumme Riesen
In den Wasserhimmel flüchten!«

Caput XIII

In dem schwarzen Felsenkessel
Ruht der See, das tiefe Wasser.
Melancholisch bleiche Sterne
Schaun vom Himmel. Nacht und Stille.

Nacht und Stille. Ruderschläge.
Wie ein plätscherndes Geheimnis
Schwimmt der Kahn. Des Fährmanns Rolle
Übernahmen seine Nichten.

Rudern flink und froh. Im Dunkeln
Leuchten manchmal ihre stämmig
Nackten Arme, sternbeglänzt,
Und die großen blauen Augen.

Mir zur Seite sitzt Laskaro,
Wie gewöhnlich blaß und schweigsam.
Mich durchschauert der Gedanke:
Ist er wirklich nur ein Toter?

Bin ich etwa selbst gestorben,
Und ich schiffe jetzt hinunter,
Mit gespenstischen Gefährten,
In das kalte Reich der Schatten?

Dieser See, ist er des Styxes
Düstre Flut? Läßt Proserpine,
In Errnangelung des Charon,
Mich durch ihre Zofen holen?

Nein, ich bin noch nicht gestorben
Und erloschen – in der Seele
Glüht mir noch und jauchzt und lodert
Die lebend'ge Lebensflamme.

Diese Mädchen, die das Ruder
Lustig schwingen und auch manchmal
Mit dem Wasser, das herabträuft,
Mich bespritzen, lachend, schäkernd –

Diese frischen, drallen Dirnen
Sind fürwahr nicht geisterhafte
Kammerkatzen aus der Hölle,
Nicht die Zofen Proserpinens!

Daß ich ganz mich überzeuge
Ihrer Oberweltlichkeit,
Und der eignen Lebensfülle
Auch tatsächlich mich versichre,

Drückt ich hastig meine Lippen
Auf die roten Wangengrübchen,
Und ich machte den Vernunftschluß:
Ja, ich küsse, also leb ich!

Angelangt ans Ufer, küßt ich
Noch einmal die guten Mädchen;
Nur in dieser Münze ließen
Sie das Fährgeld sich bezahlen.

Caput XIV

Aus dem sonn'gen Goldgrund lachen
Violette Bergeshöhen,
Und am Abhang klebt ein Dörfchen,
Wie ein keckes Vogelnest.

Als ich dort hinaufklomm, fand ich,
Daß die Alten ausgeflogen
Und zurückgeblieben nur
Junge Brut, die noch nicht flügge.

Hübsche Bübchen, kleine Mädchen,
Fast vermummt in scharlachroten
Oder weißen wollnen Kappen;
Spielten Brautfahrt, auf dem Marktplatz.

Ließen sich im Spiel nicht stören,
Und ich sah, wie der verliebte
Mäuseprinz pathetisch kniete
Vor der Katzenkaiserstochter.

Armer Prinz! Er wird vermählt
Mit der Schönen. Mürrisch zankt sie,
Und sie beißt ihn, und sie frißt ihn;
Tote Maus, das Spiel ist aus.

Fast den ganzen Tag verweilt ich
Bei den Kindern, und wir schwatzten
Sehr vertraut. Sie wollten wissen,
Wer ich sei und was ich triebe?

»Lieben Freunde« – sprach ich –, »Deutschland
Heißt das Land, wo ich geboren;
Bären gibt es dort in Menge,
Und ich wurde Bärenjäger.

Manchem zog ich dort das Fell
Über seine Bärenohren.
Wohl mitunter ward ich selber
Stark gezaust von Bärentatzen.

382

Doch mit schlechtgeleckten Tölpeln
Täglich mich herumzubalgen
In der teuren Heimat, dessen
Ward ich endlich überdrüssig.

Und ich bin hierhergekommen,
Beßres Weidwerk aufzusuchen;
Meine Kraft will ich versuchen
An dem großen Atta Troll.

Dieser ist ein edler Gegner,
Meiner würdig. Ach! in Deutschland
Hab ich manchen Kampf bestanden,
Wo ich mich des Sieges schämte.« – –

Als ich Abschied nahm, da tanzten
Um mich her die kleinen Wesen
Eine Ronde, und sie sangen:
»Girofflino, Girofflette!«

Keck und zierlich trat zuletzt
Vor mir hin die Allerjüngste,
Knickste zweimal, dreimal, viermal,
Und sie sang mit feiner Stimme:

»Wenn der König mir begegnet,
Mach ich ihm zwei Reverenzen,
Und begegnet mir die Kön'gin,
Mach ich Reverenzen drei.

Aber kommt mir gar der Teufel
In den Weg mit seinen Hörnern,

Knicks ich zweimal, dreimal, viermal –
Girofflino, Girofflette!«

»Girofflino, Girofflette!«
Wiederholt' das Chor, und neckend
Wirbelte um meine Beine
Sich der Ringeltanz und Singsang.

Während ich ins Tal hinabstieg,
Scholl mir nach, verhallend lieblich,
Immerfort, wie Vogelzwitschern:
»Girofflino, Girofflette!«

Caput XV

Riesenhafte Felsenblöcke,
Mißgestaltet und verzerrt,
Schaun mich an gleich Ungetümen,
Die versteinert, aus der Urzeit.

Seltsam! Graue Wolken schweben
Drüber hin, wie Doppelgänger;
Sind ein blödes Konterfei
Jener wilden Steinfiguren.

In der Ferne rast der Sturzbach,
Und der Wind heult in den Föhren!
Ein Geräusch, das unerbittlich
Und fatal wie die Verzweiflung.

Schauerliche Einsamkeiten!
Schwarze Dohlenscharen sitzen
Auf verwittert morschen Tannen,
Flattern mit den lahmen Flügeln.

Neben mir geht der Laskaro,
Blaß und schweigsam, und ich selber

Mag wohl wie der Walmsinn aussehn,
Den der leid'ge Tod begleitet.

384

Eine häßlich wüste Gegend.
Liegt darauf ein Fluch? Ich glaube
Blut zu sehen an den Wurzeln
Jenes Baums, der ganz verkrüppelt.

Er beschattet eine Hütte,
Die verschämt sich in der Erde
Halb versteckt; wie furchtsam flehend
Schaut dich an das arme Strohdach.

Die Bewohner dieser Hütte
Sind Cagoten, Überbleibsel
Eines Stamms, der tief im Dunkeln
Sein zertretnes Dasein fristet.

In den Herzen der Baskesen
Würmelt heute noch der Abscheu
Vor Cagoten. Düstres Erbteil
Aus der düstern Glaubenszeit.

In dem Dome zu Bagnères
Lauscht ein enges Gitterpförtchen;
Dieses, sagte mir der Küster,
War die Türe der Cagoten.

Streng versagt war ihnen eh'mals
Jeder andre Kircheneingang,
Und sie kamen wie verstohlen
In das Gotteshaus geschlichen.

Dort auf einem niedern Schemel
Saß der Cagot, einsam betend,
Und gesondert, wie verpestet,
Von der übrigen Gemeinde. –

385

Aber die geweihten Kerzen
Des Jahrhunderts flackern lustig,
Und das Licht verscheucht die bösen
Mittelalterlichen Schatten! –

Stehnblieb draußen der Laskaro,
Während ich in des Cagoten
Niedre Hütte trat. Ich reichte
Freundlich meine Hand dem Bruder.

Und ich küßte auch sein Kind,
Das, am Busen seines Weibes
Angeklammert, gierig saugte;
Einer kranken Spinne glich es.

Caput XVI

Schaust du diese Bergesgipfel
Aus der Fern', so strahlen sie,
Wie geschmückt mit Gold und Purpur,
Fürstlich stolz im Sonnenglanze.

Aber in der Nähe schwindet
Diese Pracht, und wie bei andern
Irdischen Erhabenheiten
Täuschten dich die Lichteffekte.

Was dir Gold und Purpur dünkte,
Ach, das ist nur eitel Schnee,
Eitel Schnee, der blöd und kläglich
In der Einsamkeit sich langweilt.

Oben in der Nähe hört ich,
Wie der arme Schnee geknistert,
Und den fühllos kalten Winden
All sein weißes Elend klagte.

386

»Oh, wie langsam« – seufzt' er – »schleichen
In der Öde hier die Stunden!
Diese Stunden ohne Ende,
Wie gefrorne Ewigkeiten!

Oh, ich armer Schnee! Oh, wär ich,
Statt auf diese Bergeshöhen,
Wär ich doch ins Tal gefallen,
In das Tal, wo Blumen blühen!

Hingeschmolzen wär ich dann
Als ein Bächlein, und des Dorfes
Schönstes Mädchen wüsche lächelnd
Ihr Gesicht mit meiner Welle.

Ja, ich wär vielleicht geschwommen
Bis ins Meer, wo ich zur Perle
Werden konnte, um am Ende
Eine Königskron' zu zieren!«

Als ich diese Reden hörte,
Sprach ich: »Liebster Schnee, ich zweifle,
Daß im Tale solch ein glänzend
Schicksal dich erwartet hätte.

Tröste dich. Nur wen'ge unten
Werden Perlen, und du fielest
Dort vielleicht in eine Pfütze,
Und ein Dreck wärst du geworden!«

Während ich in solcher Weise
Mit dem Schnee Gespräche führte,
Fiel ein Schuß, und aus den Lüften
Stürzt' herab ein brauner Geier.

387

Späßchen war's von dem Laskaro,
Jägerspäßchen. Doch sein Antlitz

Blieb wie immer starr und ernsthaft.
Nur der Lauf der Flinte rauchte.

Eine Feder riß er schweigend
Aus dem Steiß des Vogels, steckte
Sie auf seinen spitzen Filzhut,
Und er schritt des Weges weiter.

Schier unheimlich war der Anblick,
Wie sein Schatten mit der Feder
Auf dem weißen Schnee der Koppen,
Schwarz und lang, sich hinbewegte.

Caput XVII

Ist ein Tal gleich einer Gasse,
Geisterhohlweg ist der Name;
Schroffe Felsen ragen schwindlicht
Hoch empor zu jeder Seite.

Dort, am schaurig steilsten Abhang,
Lugt ins Tal, wie eine Warte,
Der Uraka keckes Häuslein;
Dorthin folgt ich dem Laskaro.

Mit der Mutter hielt er Rat
In geheimster Zeichensprache,
Wie der Atta Troll gelockt
Und getötet werden könne.

Denn wir hatten seine Fährte
Gut erspürt. Entrinnen konnt er
Uns nicht mehr. Gezählt sind deine
Lebenstage, Atta Troll!

Ob die Alte, die Uraka,
Wirklich eine ausgezeichnet

Große Hexe, wie die Leute
In den Pyrenä'n behaupten,

Will ich nimmermehr entscheiden.
Soviel weiß ich, daß ihr Äußres
Sehr verdächtig. Sehr verdächtig
Triefen ihre roten Augen.

Bös und schielend ist der Blick;
Und es heißt, den armen Kühen,
Die sie anblickt, trockne plötzlich
In der Euter alle Milch.

Man versichert gar, sie habe,
Streichelnd mit den dürren Händen,
Manches fette Schwein getötet
Und sogar die stärksten Ochsen.

Solcherlei Verbrechens wurde
Sie zuweilen auch verklagt
Bei dem Friedensrichter. Aber
Dieser war ein Voltairianer,

Ein modernes, flaches Weltkind,
Ohne Tiefsinn, ohne Glauben,
Und die Kläger wurden skeptisch,
Fast verhöhnend, abgewiesen.

Offiziell treibt die Uraka
Ein Geschäft, das sehr honett;
Denn sie handelt mit Bergkräutern
Und mit ausgestopften Vögeln. 389

Voll von solchen Naturalien
War die Hütte. Schrecklich rochen
Bilsenkraut und Kuckucksblumen,
Pissewurz und Totenflieder.

Eine Kollektion von Geiern
War vortrefflich aufgestellt,
Mit den ausgestreckten Flügeln
Und den ungeheuren Schnäbeln.

War's der Duft der tollen Pflanzen,
Der betäubend mir zu Kopf stieg?
Wundersam ward mir zumute
Bei dem Anblick dieser Vögel.

Sind vielleicht verwünschte Menschen,
Die durch Zauberkunst in diesem
Unglücksel'gen, ausgestopften
Vogelzustand sich befinden.

Sehn mich an so starr und leidend,
Und zugleich so ungeduldig;
Manchmal scheinen sie auch scheu
Nach der Hexe hinzuschielen.

Diese aber, die Uraka,
Kauert neben ihrem Sohne,
Dem Laskaro, am Kamine.
Kochen Blei und gießen Kugeln.

Gießen jene Schicksalskugel,
Die den Atta Troll getötet.
Wie die Flammen hastig zuckten
Über das Gesicht der Hexe!

Sie bewegt die dünnen Lippen
Unaufhörlich, aber lautlos.
Murmelt sie den Drudensegen,
Daß der Kugelguß gedeihe?

Manchmal kichert sie und nickt sie
Ihrem Sohne. Aber dieser

Fördert sein Geschäft so ernsthaft
Und so schweigsam wie der Tod. –

Schwül bedrückt von Schauernissen,
Ging ich, freie Luft zu schöpfen,
An das Fenster, und ich schaute
Dort hinab ins weite Tal.

Was ich sah zu jener Stunde –
Zwischen Mitternacht und eins –,
Werd ich treu und hübsch berichten
In den folgenden Kapiteln.

Caput XVIII

Und es war die Zeit des Vollmonds,
In der Nacht vor Sankt Johannis,
Wo der Spuk der Wilden Jagd
Umzieht durch den Geisterhohlweg.

Aus dem Fenster von Urakas
Hexennest konnt ich vortrefflich
Das Gespensterheer betrachten,
Wie es durch die Gasse hinzog.

Hatte einen guten Platz,
Den Spektakel anzuschauen;
Ich genoß den vollen Anblick
Grabentstiegner Totenfreude.

Peitschenknall, Hallo und Hussa!
Roßgewieh'r, Gebell von Hunden!
Jagdhorntöne und Gelächter!
Wie das jauchzend widerhallte!

Lief voraus, gleichsam als Vortrab,
Abenteuerliches Hochwild,

Hirsch' und Säue, rudelweis;
Hetzend hinterdrein die Meute.

Jäger aus verschiednen Zonen
Und aus gar verschiednen Zeiten;
Neben Nimrod von Assyrien
Ritt zum Beispiel Karl der Zehnte.

Hoch auf weißen Rossen sausten
Sie dahin. Zu Fuße folgten
Die Pikeure mit der Koppel
Und die Pagen mit den Fackeln.

Mancher in dem wüsten Zuge
Schien mir wohlbekannt – der Ritter,
Der in goldner Rüstung glänzte,
War es nicht der König Artus?

Und Herr Ogier, der Däne,
Trug er nicht den schillernd grünen
Ringenpanzer, daß er aussah
Wie ein großer Wetterfrosch?

Auch der Helden des Gedankens
Sah ich manchen in dem Zuge.
Ich erkannte unsern Wolfgang
An dem heitern Glanz der Augen –

Denn, verdammt von Hengstenberg,
Kann er nicht im Grabe ruhen,
Und mit heidnischem Gelichter
Setzt er fort des Lebens Jagdlust.

An des Mundes holdem Lächeln
Hab ich auch erkannt den William,
Den die Puritaner gleichfalls
Einst verflucht; auch dieser Sünder

Muß das Wilde Heer begleiten
Nachts auf einem schwarzen Rappen.
Neben ihm, auf einem Esel,
Ritt ein Mensch – Und, heil'ger Himmel!

An der matten Betermiene,
An der frommen weißen Schlafmütz',
An der Seelenangst, erkannt ich
Unsern alten Freund Franz Horn!

Weil er einst das Weltkind Shakespeare
Kommentiert, muß jetzt der Ärmste
Nach dem Tode mit ihm reiten
Im Tumult der Wilden Jagd!

Ach, mein stiller Franz muß reiten,
Er, der kaum gewagt zu gehen,
Er, der nur im Teegeschwätze
Und im Beten sich bewegte!

Werden nicht die alten Jungfern,
Die gehätschelt seine Ruhe,
Sich entsetzen, wenn sie hören,
Daß der Franz ein Wilder Jäger!

393

Wenn es manchmal im Galopp geht,
Schaut der große William spöttisch
Auf den armen Kommentator,
Der im Eselstrab ihm nachfolgt,

Ganz ohnmächtig, fest sich krampend
An den Sattelknopf des Grauchens,
Doch im Tode, wie im Leben,
Seinem Autor treulich folgend.

Auch der Damen sah ich viele
In dem tollen Geisterzuge,

Ganz besonders schöne Nymphen,
Schlanke, jugendliche Leiber.

Rittlings saßen sie zu Pferde,
Mythologisch splitternackt;
Doch die Haare fielen lockicht
Lang herab, wie goldne Mäntel.

Trugen Kränze auf den Häuptern,
Und mit keck zurückgebognen,
Übermüt'gen Posituren
Schwangen sie belaubte Stäbe.

Neben ihnen sah ich ein'ge
Zugeknöpfte Ritterfräulein,
Schräg auf Damensätteln sitzend,
Und den Falken auf der Faust.

Parodistisch hinterdrein,
Auf Schindmähren, magern Kleppern,
Ritt ein Troß von komödiantisch
Aufgeputzten Weibspersonen,

Deren Antlitz reizend lieblich,
Aber auch ein bißchen frech.
Schrien, wie rasend, mit den vollen,
Liederlich geschminkten Backen.

Wie das jubelnd widerhallte!
Jagdhorntöne und Gelächter!
Roßgewieh'r, Gebell von Hunden!
Peitschenknall, Hallo und Hussa!

Caput XIX

Aber als der Schönheit Kleeblatt
Ragten in des Zuges Mitten
Drei Gestalten – Nie vergeß ich
Diese holden Frauenbilder.

Leicht erkennbar war die eine
An dem Halbmond auf dem Haupte;
Stolz, wie eine reine Bildsäul',
Ritt einher die große Göttin.

Hochgeschürzte Tunika,
Brust und Hüfte halb bedeckend.
Fackellicht und Mondschein spielten
Lüstern um die weißen Glieder.

Auch das Antlitz weiß wie Marmor,
Und wie Marmor kalt. Entsetzlich
War die Starrheit und die Blässe
Dieser strengen edlen Züge.

Doch in ihrem schwarzen Auge
Loderte ein grauenhaftes
Und unheimlich süßes Feuer,
Seelenblendend und verzehrend.

395

Wie verändert ist Diana,
Die, im Übermut der Keuschheit,
Einst den Aktäon verhirschte
Und den Hunden preisgegeben!

Büßt sie jetzt für diese Sünde
In galantester Gesellschaft?
Wie ein spukend armes Weltkind
Fährt sie nächtlich durch die Lüfte.

Spät zwar, aber desto stärker
Ist erwacht in ihr die Wollust,
Und es brennt in ihren Augen
Wie ein wahrer Höllenbrand.

Die verlorne Zeit bereut sie,
Wo die Männer schöner waren,
Und die Quantität ersetzt ihr
Jetzt vielleicht die Qualität.

Neben ihr ritt eine Schöne,
Deren Züge nicht so griechisch
Streng gemessen, doch sie strahlten
Von des Keltenstammes Anmut.

Dieses war die Fee Abunde,
Die ich leicht erkennen konnte
An der Süße ihres Lächelns
Und am herzlich tollen Lachen!

Ein Gesicht, gesund und rosig,
Wie gemalt von Meister Greuze,
Mund in Herzform, stets geöffnet,
Und entzückend weiße Zähne.

Trug ein flatternd blaues Nachtkleid,
Das der Wind zu lüften suchte –
Selbst in meinen besten Träumen
Sah ich nimmer solche Schultern!

Wenig fehlte und ich sprang
Aus dem Fenster, sie zu küssen!
Dieses wär mir schlecht bekommen,
Denn den Hals hätt ich gebrochen.

Ach! sie hätte nur gelacht,
Wenn ich unten in den Abgrund

Blutend fiel zu ihren Füßen –
Ach! ich kenne solches Lachen!

Und das dritte Frauenbild,
Das dein Herz so tief bewegte,
War es eine Teufelinne,
Wie die andern zwo Gestalten?

Ob's ein Teufel oder Engel,
Weiß ich nicht. Genau bei Weibern
Weiß man niemals, wo der Engel
Aufhört und der Teufel anfängt.

Auf dem glutenkranken Antlitz
Lag des Morgenlandes Zauber,
Auch die Kleider mahnten kostbar
An Scheherezadens Märchen.

Sanfte Lippen, wie Grenaten,
Ein gebognes Liliennäschen,
Und die Glieder schlank und kühlig
Wie die Palme der Oase.

397

Lehnte hoch auf weißem Zelter,
Dessen Goldzaum von zwei Mohren
Ward geleitet, die zu Fuß
An der Fürstin Seite trabten.

Wirklich eine Fürstin war sie,
War Judäas Königin,
Des Herodes schönes Weib,
Die des Täufers Haupt begehrt hat.

Dieser Blutschuld halber ward sie
Auch vermaledeit; als Nachtspuk
Muß sie bis zum Jüngsten Tage
Reiten mit der Wilden Jagd.

In den Händen trägt sie immer
Jene Schüssel mit dem Haupte
Des Johannes, und sie küßt es;
Ja, sie küßt das Haupt mit Inbrunst.

Denn sie liebte einst Johannem –
In der Bibel steht es nicht,
Doch im Volke lebt die Sage
Von Herodias' blut'ger Liebe –

Anders wär ja unerklärlich
Das Gelüste jener Dame –
Wird ein Weib das Haupt begehren
Eines Manns, den sie nicht liebt?

War vielleicht ein bißchen böse
Auf den Liebsten, ließ ihn köpfen;
Aber als sie auf der Schüssel
Das geliebte Haupt erblickte,

Weinte sie und ward verrückt,
Und sie starb in Liebeswahnsinn.
(Liebeswahnsinn! Pleonasmus!
Liebe ist ja schon ein Wahnsinn!)

Nächtlich auferstehend trägt sie,
Wie gesagt, das blut'ge Haupt
In der Hand, auf ihrer Jagdfahrt –
Doch mit toller Weiberlaune

Schleudert sie das Haupt zuweilen
Durch die Lüfte, kindisch lachend,
Und sie fängt es sehr behende
Wieder auf, wie einen Spielball.

Als sie mir vorüberritt,
Schaute sie mich an und nickte

So kokett zugleich und schmachtend,
Daß mein tiefstes Herz erbebte.

Dreimal auf und nieder wogend
Fuhr der Zug vorbei, und dreimal
Im Vorüberreiten grüßte
Mich das liebliche Gespenst.

Als der Zug bereits erblichen
Und verklungen das Getümmel,
Loderte mir im Gehirne
Immerfort der holde Gruß.

Und die ganze Nacht hindurch
Wälzte ich die müden Glieder
Auf der Streu – (denn Federbetten
Gab's nicht in Urakas Hütte) –

Und ich sann: Was mag bedeuten
Das geheimnisvolle Nicken?
Warum hast du mich so zärtlich
Angesehn, Herodias?

Caput XX

Sonnenaufgang. Goldne Pfeile
Schießen nach den weißen Nebeln,
Die sich röten, wie verwundet,
Und in Glanz und Licht zerrinnen.

Endlich ist der Sieg erfochten,
Und der Tag, der Triumphator,
Tritt, in strahlend voller Glorie,
Auf den Nacken des Gebirges.

Der Gevögel laute Sippschaft
Zwitschert in verborgnen Nestern,

Und ein Kräuterduft erhebt sich,
Wie 'n Konzert von Wohlgerüchen. –

In der ersten Morgenfrühe
Waren wir ins Tal gestiegen,
Und derweilen der Laskaro
Seines Bären Spur verfolgte,

Suchte ich die Zeit zu töten
Mit Gedanken. Doch das Denken
Machte mich am Ende müde
Und sogar ein bißchen traurig.

Endlich müd' und traurig sank ich
Nieder auf die weiche Moosbank,
Unter jener großen Esche,
400   Wo die kleine Quelle floß,

Die mit wunderlichem Plätschern
Also wunderlich betörte
Mein Gemüt, daß die Gedanken
Und das Denken mir vergingen.

Es ergriff mich wilde Sehnsucht
Wie nach Traum und Tod und Wahnsinn,
Und nach jenen Reiterinnen,
Die ich sah im Geisterheerzug.

Oh, ihr holden Nachtgesichte,
Die das Morgenrot verscheuchte,
Sagt, wohin seid ihr entflohen?
Sagt, wo hauset ihr am Tage?

Unter alten Tempeltrümmern,
Irgendwo in der Romagna,
(Also heißt es) birgt Diana
Sich vor Christi Tagesherrschaft.

Nur in mitternächt'gem Dunkel
Wagt sie es hervorzutreten,
Und sie freut sich dann des Weidwerks
Mit den heidnischen Gespielen.

Auch die schöne Fee Abunde
Fürchtet sich vor Nazarenern,
Und den Tag hindurch verweilt sie
In dem sichern Avalun.

Dieses Eiland liegt verborgen
Ferne, in dem stillen Meere
Der Romantik, nur erreichbar
Auf des Fabelrosses Flügeln.

Niemals ankert dort die Sorge,
Niemals landet dort ein Dampfschiff
Mit neugierigen Philistern,
Tabakspfeifen in den Mäulern.

Niemals dringt dorthin das blöde
Dumpf langweil'ge Glockenläuten,
Jene trüben Bumm-Bamm-Klänge,
Die den Feen so verhaßt.

Dort, in ungestörtem Frohsinn,
Und in ew'ger Jugend blühend,
Residiert die heitre Dame,
Unsre blonde Frau Abunde.

Lachend geht sie dort spazieren
Unter hohen Sonnenblumen,
Mit dem kosenden Gefolge
Weltentrückter Paladine.

Aber du, Herodias,
Sag, wo bist du? – Ach, ich weiß es,

Du bist tot und liegst begraben
Bei der Stadt Jeruscholayim!

Starren Leichenschlaf am Tage
Schläfst du in dem Marmorsarge!
Doch um Mitternacht erweckt dich
Peitschenknall, Hallo und Hussa!

Und du folgst dem wilden Heerzug
Mit Dianen und Abunden,
Mit den heitern Jagdgenossen,
Denen Kreuz und Qual verhaßt ist!

Welche köstliche Gesellschaft!
Könnt ich nächtlich mit euch jagen
Durch die Wälder! Dir zur Seite
Ritt' ich stets, Herodias!

Denn ich liebe dich am meisten!
Mehr als jene Griechengöttin,
Mehr als jene Fee des Nordens,
Lieb ich dich, du tote Jüdin!

Ja, ich liebe dich! Ich merk es
An dem Zittern meiner Seele.
Liebe mich und sei mein Liebchen,
Schönes Weib, Herodias!

Liebe mich und sei mein Liebchen!
Schleudre fort den blut'gen Dummkopf
Samt der Schüssel, und genieße
Schmackhaft bessere Gerichte.

Bin so recht der rechte Ritter,
Den du brauchst – Mich kümmert's wenig,
Daß du tot und gar verdammt bist –
Habe keine Vorurteile –

Hapert's doch mit meiner eignen
Seligkeit, und ob ich selber
Noch dem Leben angehöre,
Daran zweifle ich zuweilen!

Nimm mich an als deinen Ritter,
Deinen Cavalier servente;
Werde deinen Mantel tragen
Und auch alle deine Launen.

Jede Nacht, an deiner Seite,
Reit ich mit dem wilden Heere,
Und wir kosen und wir lachen
Über meine tollen Reden.

Werde dir die Zeit verkürzen
In der Nacht – Jedoch am Tage
Schwindet jede Lust, und weinend
Sitz ich dann auf deinem Grabe.

Ja, am Tage sitz ich weinend
Auf dem Schutt der Königsgrüfte,
Auf dem Grabe der Geliebten,
Bei der Stadt Jeruscholayim.

Alte Juden, die vorbeigehn,
Glauben dann gewiß, ich traure
Ob dem Untergang des Tempels
Und der Stadt Jeruscholayim.

Caput XXI

Argonauten ohne Schiff,
Die zu Fuß gehn im Gebirge,
Und anstatt des Goldnen Vlieses
Nur ein Bärenfell erzielen –

Ach! wir sind nur arme Teufel,
Helden von modernem Zuschnitt,
Und kein klassischer Poet
Wird uns im Gesang verew'gen!

Und wir haben doch erlitten
Große Nöten! Welcher Regen
Überfiel uns auf der Koppe,
Wo kein Baum und kein Fiaker!

Wolkenbruch! (Das Bruchband platzte.)
Kübelweis' stürzt' es herunter!
Jason ward gewiß auf Kolchis
Nicht durchnäßt von solchem Sturzbad.

»Einen Regenschirm! ich gebe
Sechsunddreißig Könige
Jetzt für einen Regenschirm!«
Rief ich, und das Wasser troff.

Sterbensmüde, sehr verdrießlich,
Wie begoßne Pudel, kamen
Wir in später Nacht zurück
Nach der hohen Hexenhütte.

Dort am lichten Feuerherde
Saß Uraka, und sie kämmte
Ihren großen, dicken Mops.
Diesem gab sie schnell den Laufpaß,

Um mit uns sich zu beschäft'gen.
Sie bereitete mein Lager,
Löste mir die Espardillen,
Dieses unbequeme Fußzeug,

Half mir beim Entkleiden, zog mir
Auch die Hosen aus; sie klebten

Mir am Beine, eng und treu,
Wie die Freundschaft eines Tölpels.

»Einen Schlafrock! Sechsunddreißig
Könige für einen trocknen
Schlafrock!« rief ich, und es dampfte
Mir das nasse Hemd am Leibe.

405

Fröstelnd, zähneklappernd stand ich
Eine Weile an dem Herde.
Wie betäubt vom Feuer sank ich
Endlich nieder auf die Streu.

Konnt nicht schlafen. Blinzelnd schaut ich
Nach der Hex', die am Kamin saß
Und den Oberleib des Sohnes,
Den sie ebenfalls entkleidet,

Auf dem Schoß hielt. Ihr zur Seite,
Aufrecht, stand der dicke Mops,
Und in seinen Vorderpfoten
Hielt er sehr geschickt ein Töpfchen.

Aus dem Töpfchen nahm Uraka
Rotes Fett, bestrich damit
Ihres Sohnes Brust und Rippen,
Rieb sie hastig, zitternd hastig.

Und derweil sie rieb und salbte,
Summte sie ein Wiegenliedchen,
Näselnd fein; dazwischen seltsam
Knisterten des Herdes Flammen.

Wie ein Leichnam, gelb und knöchern,
Lag der Sohn im Schoß der Mutter;
Todestraurig, weit geöffnet
Starren seine bleichen Augen.

Ist er wirklich ein Verstorbner,
Dem die Mutterliebe nächtlich
Mit der stärksten Hexensalbe
Ein verzaubert Leben einreibt? –

Wunderlicher Fieberhalbschlaf!
Wo die Glieder bleiern müde,
Wie gebunden, und die Sinne
Überreizt und gräßlich wach!

Wie der Kräuterduft im Zimmer
Mich gepeinigt! Schmerzlich grübelnd
Sann ich nach, wo ich dergleichen
Schon gerochen? Sann vergebens.

Wie der Windzug im Kamine
Mich geängstigt! Klang wie Ächzen
Von getrocknet armen Seelen –
Schienen wohlbekannte Stimmen.

Doch zumeist ward ich gequält
Von den ausgestopften Vögeln,
Die, auf einem Brett, zu Häupten
Neben meinem Lager standen.

Langsam schauerlich bewegten
Sie die Flügel, und sie beugten
Sich zu mir herab mit langen
Schnäbeln, die wie Menschennasen.

Ach! wo hab ich solche Nasen
Schon gesehn? War es zu Hamburg
Oder Frankfurt, in der Gasse?
Qualvoll dämmernd die Erinnrung!

Endlich übermannte gänzlich
Mich der Schlaf, und an die Stelle

Wachender Phantasmen trat
Ein gesunder, fester Traum.

Und mir träumte, daß die Hütte
Plötzlich ward zu einem Ballsaal,
Der von Säulen hochgetragen
Und erhellt von Girandolen.

Unsichtbare Musikanten
Spielten aus »Robert le Diable«
Die verruchten Nonnentänze;
Ging dort ganz allein spazieren.

Endlich aber öffnen sich
Weit die Pforten, und es kommen,
Langsam feierlichen Schrittes,
Gar verwunderliche Gäste.

Lauter Bären und Gespenster!
Aufrecht wandelnd, führt ein jeder
Von den Bären ein Gespenst,
Das vermummt im weißen Grabtuch.

Solcherweis' gepaart, begannen
Sie zu walzen, auf und nieder,
Durch den Saal. Kurioser Anblick!
Zum Erschrecken und zum Lachen!

Denn den plumpen Bären ward es
Herzlich sauer, Schritt zu halten
Mit den weißen Luftgebilden,
Die sich wirbelnd leicht bewegten.

Unerbittlich fortgerissen
Wurden jene armen Bestien,
Und ihr Schnaufen überdröhnte
Fast den Brummbaß des Orchesters.

Manchmal walzten sich die Paare
Auf den Leib, und dem Gespenste,
Das ihn anstieß, gab der Bär
Ein'ge Tritte in den Hintern.

Manchmal auch, im Tanzgetümmel,
Riß der Bär das Leichenlaken
Von dem Haupt des Tanzgenossen;
Kam ein Totenkopf zum Vorschein.

Endlich aber jauchzten schmetternd
Die Trompeten und die Zimbeln,
Und es donnerten die Pauken,
Und es kam die Galoppade.

Diese träumt ich nicht zu Ende –
Denn ein ungeschlachter Bär
Trat mir auf die Hühneraugen,
Daß ich aufschrie und erwachte.

Caput XXII

Phöbus, in der Sonnendroschke,
Peitschte seine Flammenrosse,
Und er hatte schon zur Hälfte
Seine Himmelsfahrt vollendet –

Während ich im Schlafe lag
Und von Bären und Gespenstern,
Die sich wunderlich umschlangen,
Tolle Arabesken! träumte.

Mittag war's, als ich erwachte,
Und ich fand mich ganz allein.
Meine Wirtin und Laskaro
Gingen auf die Jagd schon frühe.

409

In der Hütte blieb zurück
Nur der Mops. Am Feuerherde
Stand er aufrecht vor dem Kessel,
In den Pfoten einen Löffel.

Schien vortrefflich abgerichtet,
Wenn die Suppe überkochte,
Schnell darin herumzurühren
Und die Blasen abzuschäumen.

Aber bin ich selbst behext?
Oder lodert mir im Kopfe
Noch das Fieber? Meinen Ohren
Glaub ich kaum – es spricht der Mops!

Ja, er spricht, und zwar gemütlich
Schwäbisch ist die Mundart; träumend,
Wie verloren in Gedanken,
Spricht er folgendergestalt:

»Oh, ich armer Schwabendichter!
In der Fremde muß ich traurig
Als verwünschter Mops verschmachten
Und den Hexenkessel hüten!

Welch ein schändliches Verbrechen
Ist die Zauberei! Wie tragisch
Ist mein Schicksal: menschlich fühlen
In der Hülle eines Hundes!

Wär ich doch daheim geblieben,
Bei den trauten Schulgenossen!
Das sind keine Hexenmeister,
Sie bezaubern keinen Menschen.

Wär ich doch daheim geblieben,
Bei Karl Mayer, bei den süßen

410

Gelbveiglein des Vaterlandes,
Bei den frommen Metzelsuppen!

Heute sterb ich fast vor Heimweh –
Sehen möcht ich nur den Rauch,
Der emporsteigt aus dem Schornstein,
Wenn man Nudeln kocht in Stukkert!«

Als ich dies vernahm, ergriff mich
Tiefe Rührung; von dem Lager
Sprang ich auf, an das Kamin
Setzt ich mich, und sprach mitleidig:

»Edler Sänger, wie gerietest
Du in diese Hexenhütte?
Und warum hat man so grausam
Dich in einen Hund verwandelt?«

Jener aber rief mit Freude:
»Also sind Sie kein Franzose?
Sind ein Deutscher und verstanden
Meinen stillen Monolog?

Ach, Herr Landsmann, welch ein Unglück,
Daß der Legationsrat Kölle,
Wenn wir bei Tabak und Bier
In der Kneipe diskurierten,

Immer auf den Satz zurückkam,
Man erwürbe nur durch Reisen
Jene Bildung, die er selber
Aus der Fremde mitgebracht!

Um mir nun die rohe Kruste
Von den Beinen abzulaufen
Und, wie Kölle, mir die feinern
Weltmannssitten anzuschleifen:

411

Nahm ich Abschied von der Heimat,
Und auf meiner Bildungsreise
Kam ich nach den Pyrenäen,
Nach der Hütte der Uraka.

Bracht ihr ein Empfehlungsschreiben
Vom Justinus Kerner; dachte
Nicht daran, daß dieser Freund
In Verbindung steht mit Hexen.

Freundlich nahm mich auf Uraka,
Doch es wuchs, zu meinem Schrecken,
Diese Freundlichkeit, ausartend
Endlich gar in Sinnenbrunst.

Ja, es flackerte die Unzucht
Scheußlich auf im welken Busen
Dieser lasterhaften Vettel,
Und sie wollte mich verführen.

Doch ich flehte: ›Ach, entschuld'gen
Sie, Madame! bin kein frivoler
Goetheaner, ich gehöre
Zu der Dichterschule Schwabens.

Sittlichkeit ist unsre Muse,
Und sie trägt vom dicksten Leder
Unterhosen – Ach! vergreifen
Sie sich nicht an meiner Tugend!

Andre Dichter haben Geist,
Andre Phantasie, und andre
Leidenschaft, jedoch die Tugend
Haben wir, die Schwabendichter.

Das ist unser einz'ges Gut!
Rauben Sie mir nicht den sittlich

412

Religiösen Bettelmantel,
Welcher meine Blöße deckt!‹

Also sprach ich, doch ironisch
Lächelte das Weib, und lächelnd
Nahm sie eine Mistelgerte
Und berührt' damit mein Haupt.

Ich empfand alsbald ein kaltes
Mißgefühl, als überzöge
Eine Gänsehaut die Glieder.
Doch die Haut von einer Gans

War es nicht, es war vielmehr
Eines Hundes Fell – seit jener
Unheilstund' bin ich verwandelt,
Wie Sie sehn, in einen Mops!«

Armer Schelm! Vor lauter Schluchzen
Konnte er nicht weitersprechen,
Und er weinte so beträglich,
Daß er fast zerfloß in Tränen.

»Hören Sie«, sprach ich mit Wehmut,
»Kann ich etwa von dem Hundsfell
Sie befrein und Sie der Dichtkunst
Und der Menschheit wiedergeben?«

Jener aber hub wie trostlos
Und verzweiflungsvoll die Pfoten
In die Höhe, und mit Seufzen
Und mit Stöhnen sprach er endlich:

»Bis zum Jüngsten Tage bleib ich
Eingekerkert in der Mopshaut,
Wenn nicht einer Jungfrau Großmut
Mich erlöst aus der Verwünschung.

413

Ja, nur eine reine Jungfrau,
Die noch keinen Mann berührt hat
Und die folgende Bedingung
Treu erfüllt, kann mich erlösen:

Diese reine Jungfrau muß
In der Nacht von Sankt Silvester
Die Gedichte Gustav Pfizers
Lesen – ohne einzuschlafen!

Blieb sie wach bei der Lektüre,
Schloß sie nicht die keuschen Augen –
Dann bin ich entzaubert, menschlich
Atm' ich auf, ich bin entmopst!«

»Ach, in diesem Falle« – sprach ich –
»Kann ich selbst nicht unternehmen
Das Erlösungswerk; denn erstens
Bin ich keine reine Jungfrau,

Und imstande wär ich zweitens
Noch viel wen'ger, die Gedichte
Gustav Pfizers je zu lesen,
Ohne dabei einzuschlafen.«   414

Caput XXIII

Aus dem Spuk der Hexenwirtschaft
Steigen wir ins Tal herunter;
Unsre Füße fassen wieder
Boden in dem Positiven.

Fort, Gespenster! Nachtgesichte!
Luftgebilde! Fieberträume!
Wir beschäft'gen uns vernünftig
Wieder mit dem Atta Troll.

In der Höhle, bei den Jungen,
Liegt der Alte, und er schläft
Mit dem Schnarchen des Gerechten;
Endlich wacht er gähnend auf.

Neben ihm hockt Junker Einohr,
Und er kratzt sich an dem Kopfe
Wie ein Dichter, der den Reim sucht;
Auch skandiert er an den Tatzen.

Gleichfalls an des Vaters Seite
Liegen träumend auf dem Rücken,
Unschuldrein, vierfüß'ge Lilien,
Atta Trolls geliebte Töchter.

Welche zärtliche Gedanken
Schmachten in der Blütenseele
Dieser weißen Bärenjungfraun?
Tränenfeucht sind ihre Blicke.

Ganz besonders scheint die jüngste
Tiefbewegt. In ihrem Herzen
Fühlt sie schon ein sel'ges Jucken,
Ahndet sie die Macht Cupidos.

Ja, der Pfeil des kleinen Gottes
Ist ihr durch den Pelz gedrungen,
Als sie *ihn* erblickt – O Himmel,
Den sie liebt, der ist ein Mensch!

Ist ein Mensch und heißt Schnapphahnski.
Auf der großen Retirade
Kam er ihr vorbeigelaufen
Eines Morgens im Gebirge.

Heldenunglück rührt die Weiber,
Und im Antlitz unsres Helden

Lag, wie immer, der Finanznot
Blasse Wehmut, düstre Sorge.

Seine ganze Kriegeskasse,
Zweiundzwanzig Silbergroschen,
Die er mitgebracht nach Spanien,
Ward die Beute Esparteros.

Nicht einmal die Uhr gerettet!
Blieb zurück zu Pampeluna
In dem Leihhaus. War ein Erbstück,
Kostbar und von echtem Silber.

Und er lief mit langen Beinen.
Aber, unbewußt, im Laufen,
Hat er Besseres gewonnen
Als die beste Schlacht – ein Herz!

Ja, sie liebt ihn, ihn, den Erbfeind!
Oh, der unglücksel'gen Bärin!
Wüßt der Vater das Geheimnis,
Ganz entsetzlich würd er brummen.

416

Gleich dem alten Odoardo,
Der mit Bürgerstolz erdolchte
Die Emilia Galotti,
Würde auch der Atta Troll

Seine Tochter lieber töten,
Töten mit den eignen Tatzen,
Als erlauben, daß sie sänke
In die Arme eines Prinzen!

Doch in diesem Augenblicke
Ist er weich gestimmt, hat keine
Lust, zu brechen eine Rose,
Eh' der Sturmwind sie entblättert.

Weich gestimmt liegt Atta Troll
In der Höhle bei den Seinen.
Ihn beschleicht, wie Todesahnung,
Trübe Sehnsucht nach dem Jenseits!

»Kinder!« – seufzt er, und es triefen
Plötzlich seine großen Augen –
»Kinder! meine Erdenwallfahrt
Ist vollbracht, wir müssen scheiden.

Heute mittag kam im Schlafe
Mir ein Traum, der sehr bedeutsam.
Mein Gemüt genoß das süße
Vorgefühl des bald'gen Sterbens.

Bin fürwahr nicht abergläubisch,
Bin kein Faselbär – doch gibt es
Dinge zwischen Erd' und Himmel,
Die dem Denker unerklärlich.

Über Welt und Schicksal grübelnd,
War ich gähnend eingeschlafen,
Als mir träumte, daß ich läge
Unter einem großen Baume.

Aus den Ästen dieses Baumes
Troff herunter weißer Honig,
Glitt mir just ins offne Maul,
Und ich fühlte süße Wonne.

Selig blinzelnd in die Höhe,
Sah ich in des Baumes Wipfel
Etwa sieben kleine Bärchen,
Die dort auf und nieder rutschten.

Zarte, zierliche Geschöpfe,
Deren Pelz von rosenroter

Farbe war und an den Schultern
Seidig flockte wie zwei Flüglein.

Ja, wie seidne Flüglein hatten
Diese rosenroten Bärchen,
Und mit überirdisch feinen
Flötenstimmen sangen sie!

Wie sie sangen, wurde eiskalt
Meine Haut, doch aus der Haut fuhr
Mir die Seel', gleich einer Flamme;
Strahlend stieg sie in den Himmel.«

Also sprach mit bebend weichem
Grunzton Atta Troll. Er schwieg
Eine Weile, wehmutsvoll –
Aber seine Ohren plötzlich

418

Spitzten sich und zuckten seltsam,
Und empor vom Lager sprang er,
Freudezitternd, freudebrüllend:
»Kinder, hört ihr diese Laute?

Ist das nicht die süße Stimme
Eurer Mutter? Oh, ich kenne
Das Gebrumme meiner Mumma!
Mumma! meine schwarze Mumma!«

Atta Troll mit diesen Worten
Stürzte wie 'n Verrückter fort
Aus der Höhle, ins Verderben!
Ach! er stürzte in sein Unglück!

Caput XXIV

In dem Tal von Ronceval,
Auf demselben Platz, wo weiland
Des Caroli Magni Neffe
Seine Seele ausgeröchelt,

Dorten fiel auch Atta Troll,
Fiel durch Hinterhalt, wie jener,
Den der ritterliche Judas,
Ganelon von Mainz, verraten.

Ach! das Edelste im Bären,
Das Gefühl der Gattenliebe,
Ward ein Fallstrick, den Uraka
Listig zu benutzen wagte.

Das Gebrumm der schwarzen Mumma
Hat sie nachgeäfft so täuschend,
Daß der Atta Troll gelockt ward
Aus der sichern Bärenhöhle –

Wie auf Sehnsuchtsflügeln lief er
Durch das Tal, stand zärtlich schnopernd
Manchmal still vor einem Felsen,
Glaubt', die Mumma sei versteckt dort –

Ach! versteckt war dort Laskaro
Mit der Flinte; dieser schoß ihn
Mitten durch das frohe Herz –
Quoll hervor ein roter Blutstrom.

Mit dem Kopfe wackelt' er,
Ein'gemal, doch endlich stürzt' er
Stöhnend nieder, zuckte gräßlich –
»Mumma!« war sein letzter Seufzer.

Also fiel der edle Held.
Also starb er. Doch unsterblich
Nach dem Tode auferstehn
Wird er in dem Lied des Dichters.

Auferstehn wird er im Liede,
Und sein Ruhm wird kolossal
Auf vierfüßigen Trochäen
Über diese Erde stelzen.

Der *** setzt ihm
In Walhalla einst ein Denkmal,
Und darauf, im ***
Lapidarstil, auch die Inschrift:

»Atta Troll, Tendenzbär; sittlich
Religiös; als Gatte brünstig;
Durch Verführtsein von dem Zeitgeist,
Waldursprünglich Sansculotte;

Sehr schlecht tanzend, doch Gesinnung
Tragend in der zott'gen Hochbrust;
Manchmal auch gestunken habend;
Kein Talent, doch ein Charakter!«

Caput XXV

Dreiunddreißig alte Weiber,
Auf dem Haupt die scharlachrote
Altbaskesische Kapuze,
Standen an des Dorfes Eingang.

Eine drunter, wie Debora,
Schlug das Tamburin und tanzte.
Und sie sang dabei ein Loblied
Auf Laskaro Bärentöter.

420

Vier gewalt'ge Männer trugen
Im Triumph den toten Bären;
Aufrecht saß er in dem Sessel,
Wie ein kranker Badegast.

Hinterdrein, wie Anverwandte
Des Verstorbnen, ging Laskaro
Mit Uraka; diese grüßte
Rechts und links, doch sehr verlegen.

Der Adjunkt des Maires hielt
Eine Rede vor dem Rathaus,
Als der Zug dorthin gelangte,
Und er sprach von vielen Dingen –

Wie zum Beispiel von dem Aufschwung
Der Marine, von der Presse,
Von der Runkelrübenfrage,
Von der Hyder der Parteisucht.

Die Verdienste Ludwig Philipps
Reichlich auseinandersetzend,
Ging er über zu dem Bären
Und der Großtat des Laskaro.

»Du, Laskaro!« – rief der Redner,
Und er wischte sich den Schweiß ab
Mit der trikoloren Schärpe –
»Du, Laskaro! du, Laskaro!

Der du Frankreich und Hispanien
Von dem Atta Troll befreit hast,
Du bist beider Länder Held,
Pyrenäen-Lafayette!«

Als Laskaro solchermaßen
Offiziell sich rühmen hörte,

Lachte er vergnügt im Barte
Und errötete vor Freude,

Und in abgebrochnen Lauten,
Die sich seltsam überstürzten,
Hat er seinen Dank gestottert
Für die große, große Ehre!

Mit Verwundrung blickte jeder
Auf das unerhörte Schauspiel,
Und geheimnisvoll und ängstlich
Murmelten die alten Weiber:

»Der Laskaro hat gelacht!
Der Laskaro hat errötet!
Der Laskaro hat gesprochen!
Er, der tote Sohn der Hexe!« –

422

Selb'gen Tags ward ausgebälgt
Atta Troll und ward versteigert
Seine Haut. Für hundert Franken
Hat ein Kürschner sie erstanden.

Wunderschön staffierte dieser
Und verbrämte sie mit Scharlach,
Und verhandelte sie weiter
Für das Doppelte des Preises.

Erst aus dritter Hand bekam sie
Juliette, und in ihrem
Schlafgemache zu Paris
Liegt sie vor dem Bett als Fußdeck'.

Oh, wie oft, mit bloßen Füßen,
Stand ich nachts auf dieser irdisch
Braunen Hülle meines Helden,
Auf der Haut des Atta Troll!

Und von Wehmut tief ergriffen,
Dacht ich dann an Schillers Worte:
Was im Lied soll ewig leben,
Muß im Leben untergehn!

Caput XXVI

Und die Mumma? Ach, die Mumma
Ist ein Weib! Gebrechlichkeit
Ist ihr Name! Ach, die Weiber
Sind wie Porzellan gebrechlich.

Als des Schicksals Hand sie trennte
Von dem glorreich edlen Gatten,
Starb sie nicht des Kummertodes,
Ging sie nicht in Trübsinn unter –

Nein, im Gegenteil, sie setzte
Lustig fort ihr Leben, tanzte
Nach wie vor, beim Publiko
Buhlend um den Tagesbeifall.

Eine feste Stellung, eine
Lebenslängliche Versorgung,
Hat sie endlich zu Paris
Im Jardin des Plantes gefunden.

Als ich dorten vor'gen Sonntag
Mich erging mit Julietten,
Und ihr die Natur erklärte,
Die Gewächse und die Bestien,

Die Giraffe und die Zeder
Von dem Libanon, das große
Dromedar, die Goldfasanen,
Auch das Zebra – im Gespräche

423

Blieben wir am Ende stehen
An der Brüstung jener Grube,
Wo die Bären residieren –
Heil'ger Herr, was sahn wir dort!

Ein gewalt'ger Wüstenbär
Aus Sibirien, schneeweißhaaricht,
Spielte dort ein überzartes
Liebesspiel mit einer Bärin.

Diese aber war die Mumma!
War die Gattin Atta Trolls!
Ich erkannte sie am zärtlich
Feuchten Glanze ihres Auges.

424

Ja, sie war es! Sie, des Südens
Schwarze Tochter! Sie, die Mumma,
Lebt mit einem Russen jetzt,
Einem nordischen Barbaren!

Schmunzelnd sprach zu mir ein Neger,
Der zu uns herangetreten:
»Gibt es wohl ein schönres Schauspiel,
Als zwei Liebende zu sehn?«

Ich entgegnete: »Mit wem
Hab ich hier die Ehr' zu sprechen?«
Jener aber rief verwundert:
»Kennen Sie mich gar nicht wieder?

Ich bin ja der Mohrenfürst,
Der bei Freiligrath getrommelt.
Damals ging's mir schlecht, in Deutschland
Fand ich mich sehr isoliert.

Aber hier, wo ich als Wärter
Angestellt, wo ich die Pflanzen

Meines Tropenvaterlandes
Und auch Löw' und Tiger finde:

Hier ist mir gemütlich wohler
Als bei euch auf deutschen Messen,
Wo ich täglich trommeln mußte
Und so schlecht gefüttert wurde!

Hab mich jüngst vermählt mit einer
Blonden Köchin aus dem Elsaß.
Ganz und gar in ihren Armen
Wird mir heimatlich zumute!

Ihre Füße mahnen mich
An die holden Elefanten.
Wenn sie spricht französisch, klingt mir's
Wie die schwarze Muttersprache.

Manchmal keift sie, und ich denke
An das Rasseln jener Trommel,
Die mit Schädeln war behangen;
Schlang' und Leu entflohn davor.

Doch im Mondschein, sehr empfindsam,
Weint sie wie ein Krokodil,
Das aus lauem Strom hervorblickt,
Um die Kühle zu genießen.

Und sie gibt mir gute Bissen!
Ich gedeih! Mit meinem alten,
Afrikanischen App'tit,
Wie am Niger, freß ich wieder!

Hab mir schon ein rundes Bäuchlein
Angemästet. Aus dem Hemde
Schaut's hervor, wie 'n schwarzer Mond,
Der aus weißen Wolken tritt.«

Caput XXVII

An August Varnhagen von Ense

»Wo des Himmels, Meister Ludwig,
Habt Ihr all das tolle Zeug
Aufgegabelt?« Diese Worte
Rief der Kardinal von Este,

Als er das Gedicht gelesen
Von des Rolands Rasereien,
Das Ariosto untertänig
Seiner Eminenz gewidmet.

426

Ja, Varnhagen, alter Freund,
Ja, ich seh um deine Lippen
Fast dieselben Worte schweben,
Mit demselben feinen Lächeln.

Manchmal lachst du gar im Lesen!
Doch mitunter mag sich ernsthaft
Deine hohe Stirne furchen,
Und Erinnrung überschleicht dich: –

»Klang das nicht wie Jugendträume,
Die ich träumte mit Chamisso
Und Brentano und Fouqué,
In den blauen Mondscheinnächten?

Ist das nicht das fromme Läuten
Der verlornen Waldkapelle?
Klingelt schalkhaft nicht dazwischen
Die bekannte Schellenkappe?

In die Nachtigallenchöre
Bricht herein der Bärenbrummbaß,

Dumpf und grollend, dieser wechselt
Wieder ab mit Geisterlispeln!

Wahnsinn, der sich klug gebärdet!
Weisheit, welche überschnappt!
Sterbeseufzer, welche plötzlich
Sich verwandeln in Gelächter!...«

Ja, mein Freund, es sind die Klänge
Aus der längst verschollnen Traumzeit;
Nur daß oft moderne Triller
Gaukeln durch den alten Grundton.

Trotz des Übermutes wirst du
Hie und dort Verzagnis spüren –
Deiner wohlerprobten Milde
Sei empfohlen dies Gedicht!

Ach, es ist vielleicht das letzte
Freie Waldlied der Romantik!
In des Tages Brand- und Schlachtlärm
Wird es kümmerlich verhallen.

Andre Zeiten, andre Vögel!
Andre Vögel, andre Lieder!
Welch ein Schnattern, wie von Gänsen,
Die das Kapitol gerettet!

Welch ein Zwitschern! Das sind Spatzen,
Pfennigslichtchen in den Krallen;
Sie gebärden sich wie Jovis
Adler mit dem Donnerkeil!

Welch ein Gurren! Turteltauben,
Liebesatt, sie wollen hassen,
Und hinfüro, statt der Venus.
Nur Bellonas Wagen ziehen!

Welch ein Sumsen, welterschütternd!
Das sind ja des Völkerfrühlings
Kolossale Maienkäfer,
Von Berserkerwut ergriffen!

Andre Zeiten, andre Vögel!
Andre Vögel, andre Lieder!
Sie gefielen mir vielleicht,
Wenn ich andre Ohren hätte!   428

Biographie

1797   *13. Dezember:* Heinrich Heine wird in Düsseldorf als älte-
ster Sohn des jüdischen Textilkaufmanns Samson Heine
und seiner Ehefrau Elisabeth, geb. van Geldern, geboren.

1807   Heine besucht die Vorbereitungsklasse des Lyzeums.

1810   *April:* Eintritt in das Düsseldorfer Lyzeum.

1814   Heine verlässt das Gymnasium ohne Reifezeugnis und
wechselt auf die Handelsschule.

1815   Bei dem Bankier Rindskopf in Frankfurt am Main beginnt
Heine eine kaufmännische Lehre.

1816   Heine setzt die Lehre im Bankhaus seines Onkels Salomon
Heine in Hamburg fort. Unglückliche Liebe zur Cousine
Amalie.

1817   Unter Pseudonym veröffentlicht Heine erste Gedichte in
»Hamburgs Wächter«.

1818   Mit Unterstützung des Onkels Salomon gründet Heine
das Manufakturwarengeschäft »Harry Heine und Comp.«
in Hamburg, in dem er vor allem englische Tuche verkauft.

1819   Heine meldet den Konkurs seines Geschäftes an.
März: Er immatrikuliert sich an der Universität Bonn zum
Jurastudium, das von Salomon Heine finanziert wird.
Neben juristischen hört er auch philosophische, philologi-
sche und historische Vorlesungen, u. a. bei August Wil-
helm Schlegel und Ernst Moritz Arndt.

1820   Beginn der Arbeit an der Tragödie »Almansor«.
August: Im »Rheinisch-Westfälischen Anzeiger« erscheint
Heines Aufsatz »Die Romantik«.
Oktober: Heine wechselt an die Universität Göttingen. Er
beteiligt sich an geheimen burschenschaftlichen Versamm-
lungen. Aus antisemitischen Gründen wird Heine aus der
Burschenschaft ausgeschlossen.

1821   *Januar:* Wegen eines Duells erhält Heine für ein halbes
Jahr Studienverbot an der Universität Göttingen.
April: Er immatrikuliert sich an der Universität in Berlin,
wo er u. a. Vorlesungen bei Georg Wilhelm Friedrich
Hegel hört.

Bekanntschaft mit Adelbert von Chamisso und Friedrich de la Motte Fouqué.

Begegnung mit Rahel und Karl August Varnhagen von Ense.

Einige Texte Heines, darunter Fragmente aus »Almansor«, erscheinen in der von Friedrich Wilhelm Gubitz herausgegebenen Zeitschrift »Der Gesellschafter«.

»Gedichte« (vordatiert auf 1822).

1822   Heine wird Mitglied im »Verein für Kultur und Wissenschaft der Juden«.

Reise nach Polen.

Begegnung mit Christian Dietrich Grabbe.

Oktober: Heine besucht Hegel.

1823   Der Bericht »Über Polen« wird im »Gesellschafter« publiziert.

Die Sammlung »Tragödien nebst einem lyrischen Intermezzo« erscheint, sie enthält die Dramen »William Ratcliff« und »Almansor«.

Beginn der Freundschaft mit Karl Leberecht Immermann.

Reise nach Lüneburg, Hamburg, Cuxhaven und Ritzebüttel.

August: »Almansor« wird in Braunschweig uraufgeführt.

1824   *Januar:* Heine immatrikuliert sich erneut an der Universität Göttingen.

Reise nach Berlin.

Er unternimmt eine Fußwanderung durch den Harz, aus der die Reisebeschreibung »Die Harzreise« hervorgeht (erscheint 1826 in »Der Gesellschafter«).

Oktober: Besuch bei Goethe in Weimar.

1825   *Juni:* Heine tritt zum evangelischen Glauben über und wird in Heiligenstadt auf den Namen Christian Johann Heinrich getauft.

Juli: Promotion zum Dr. jur. in Göttingen.

Sommerurlaub in Norderney. Heine siedelt nach Hamburg über und lebt fortan als freier Schriftsteller.

1826   Begegnung mit dem Hamburger Verleger Julius Campe, der künftig Heines Hauptverleger wird.

Der 1. Teil der »Reisebilder« erscheint (»Heimkehr«, »Die Harzreise«, »Die Nordsee, I.«).

1827	Reise nach England.
	April: Der 2. Teil der »Reisebilder« erscheint (»Die Nordsee, II. und III.«, »Xenien« von Immermann, »Ideen. Das Buch Le Grand« und »Briefe aus Berlin«).
	Das »Buch der Lieder« (Gedichte) wird Heines publikumswirksamstes Werk und erlebt allein zu seinen Lebzeiten 13 Auflagen.
	Reise über Frankfurt am Main, wo er Ludwig Börne trifft, Heidelberg und Stuttgart nach München.
	Heine wird Mitherausgeber der »Neuen allgemeinen politischen Annalen«.
	Die Absicht, eine Professur für Literaturgeschichte anzutreten, wird vom katholischen Klerus durchkreuzt.
1828	*August – November:* Aufenthalt in Italien: Mailand, Genua, Lucca, Florenz und Venedig.
	Dezember: Tod des Vaters in Hamburg.
1829	*Februar:* Heine zieht nach Berlin.
	April: Übersiedlung nach Potsdam.
1830	»Reisebilder III«.
	Sommerurlaub auf Helgoland.
	Heine erhält Nachricht von der Pariser Julirevolution.
	Er schreibt die »Briefe aus Helgoland«, in denen er die Vorgänge der Julirevolution reflektiert.
1831	Aufgrund mangelnder Berufsperspektiven in Deutschland entschließt sich Heine zur Übersiedlung nach Paris.
	Mai: Ankunft in Paris, wo er als Korrespondent für deutsche Zeitungen und Zeitschriften arbeitet.
1832	Heine nimmt an Versammlungen der Saint-Simonisten teil.
	Der Abdruck seiner Artikelserie »Französische Zustände« in der Augsburger »Allgemeinen Zeitung« wird von Metternich nach einigen Folgen unterbunden.
	Dezember: Die Buchausgabe »Französische Zustände« erscheint und wird in Preußen verboten.
1833	Heines Aufsatz »État actuel de la littérature en Allemagne. De l'Allemagne depuis Madame de Staël« erscheint in der Pariser Zeitschrift »L'Europe littéraire«.
	Der erste von vier unter dem Titel »Salon« veröffentlichten

Sammelbänden erscheint; er enthält den Aufsatz »Franzö-
sische Maler«, den Gedichtzyklus »Verschiedene« und das
Erzählfragment »Aus den Memoiren des Herren von
Schnabelewopski«.

1834 Begegnung mit Crescence Eugénie Mirat (Mathilde), Hei-
nes späterer Lebensgefährtin.
Heine arbeitet an der Schrift »Zur Geschichte der Religion
und Philosophie in Deutschland«, die unter dem Titel »De
l'Allemagne depuis Luther« in der Zeitschrift »Revue des
deux mondes« erscheint.

1835 Der zweite Band des »Salon«, der vor allem die deutsche
Version des Aufsatzes zur Geschichte der Religion »Über
Deutschland seit Luther« enthält, erscheint.
»Die romantische Schule« (überarbeitete Fassung von »État
actuel de la littérature en Allemagne«, vordatiert auf 1836).
Dezember: In Preußen werden sämtliche Schriften Heines
verboten.
10. Dezember: Die Deutsche Bundesversammlung verbietet
sämtliche gedruckten wie ungedruckten Schriften des so
genannten Jungen Deutschland, an erster Stelle die von
Heine sowie die in Heines Hausverlag Hoffmann und
Campe in Hamburg erschienenen.

1836 Die Französische Regierung gewährt Heine als politischem
Emigranten eine Pension.
Heine erkrankt an Gelbsucht.

1837 Ernsthafte Augenerkrankung.
Der dritte Band des »Salon« erscheint, er enthält u. a. die
Prosatexte »Florentinische Nächte« und »Elementargeister«.

1838 »Schwabenspiegel«.
»Shakespeares Mädchen und Frauen«.

1840 »Heinrich Heine über Ludwig Börne«.
Der vierte Band des »Salon« mit den »Briefen über die
französische Bühne« und dem Erzählfragment »Rabbi von
Bacherach« sowie Gedichten und Romanzen erscheint.

1841 Begegnung mit Richard Wagner.
August: Hochzeit mit Mathilde in Saint-Sulpice.
Nach einer Auseinandersetzung über seine Denkschrift
über Börne duelliert sich Heine mit dem Frankfurter

Kaufmann Salomon Strauß und wird an der Hüfte verletzt. Beginn der Arbeit an dem satirischen Versepos »Atta Troll. Ein Sommernachtstraum«.

1842 Aufenthalt in Boulogne-sur-Mer.

1843 In der »Zeitung für die elegante Welt« erscheinen »Atta Troll. Ein Sommernachtstraum« (Buchausgabe 1847) und das Gedicht »Nachtgedanken«.

Aufenthalt in Trouville.

Begegnungen mit Arnold Ruge und Friedrich Hebbel.

Oktober–November: Heine reist nach Hamburg.

Nach der Rückkehr lernt er in Paris Karl Marx kennen.

1844 »Deutschland. Ein Wintermärchen«.

»Neue Gedichte«.

Bekanntschaft mit Ferdinand Lassalle.

Mitarbeit an den von Marx und Ruge herausgegebenen »Deutsch-Französischen Jahrbüchern«.

Juli: Zweiter Hamburg-Aufenthalt mit Mathilde.

Dezember: Nach dem Tod des Onkels Salomon Heine beginnen Erbschaftsstreitigkeiten innerhalb der Familie. Die Familienpension wird Heine nur unter der Bedingung weiterbezahlt, dass er in seinen Werken keine Familienangehörigen erwähnt.

1845 Zunehmende Verschlechterung des Gesundheitszustands Heines.

Er entgeht der für alle Mitarbeiter des »Vorwärts!« verfügten Ausweisung aus Frankreich.

Sommer: Aufenthalt in Montmorency.

1846 *September:* Besuch von Friedrich Engels in Paris.

1847 »Atta Troll. Ein Sommernachtstraum«.

1848 *Februar:* Heine arbeitet für die Augsburger »Allgemeine Zeitung« als Berichterstatter über die Pariser Februarrevolution.

Mai: Heine bricht im Louvre zusammen. Es wird eine Erkrankung an Rückenmarkschwindsucht diagnostiziert. Krankenlager Heines in der »Matratzengruft« in der Avenue Matignon (bis zum Tod 1856).

1849 Arbeit an den Gedichten der »Romanzero«-Sammlung.

1850 Heine schreibt an seinen »Memoiren«.

1851	»Romanzero« (Gedichte).

1851 »Romanzero« (Gedichte).
      »Der Doktor Faust« (Tanzpoem).

1853 Arbeit an der »Lutetia«, einer Sammlung aus den Berichten
      für die Augsburger »Allgemeine Zeitung«, und an der
      Schrift »Die Götter im Exil« (beide 1854 in den »Vermisch-
      ten Schriften«).

1854 »Vermischte Schriften« (3 Bände).

1855 Besuche seiner Freundin Elise Krinitz (»Mouche«).
      November: Die Geschwister Charlotte und Gustav kommen
      nach Paris.

1856 *17. Februar:* Heine stirbt in Paris und wird drei Tage
      später auf dem Friedhof Montmartre beerdigt.

Karl-Maria Guth (Hg.)

Erzählungen aus dem Biedermeier

HOFENBERG

Karl-Maria Guth (Hg.)

Erzählungen aus dem Biedermeier II

HOFENBERG

Karl-Maria Guth (Hg.)

Erzählungen aus dem Biedermeier III

HOFENBERG

Erzählungen aus dem Biedermeier

Biedermeier - das klingt in heutigen Ohren nach langweiligem Spießertum, nach geschmacklosen rosa Teetässchen in Wohnzimmern, die aussehen wie Puppenstuben und in denen es irgendwie nach »Omma« riecht.

Zu Recht. Aber nicht nur.

Biedermeier ist auch die Zeit einer zarten Literatur der Flucht ins Idyll, des Rückzuges ins private Glück und der Tugenden. Die Menschen im Europa nach Napoleon hatten die Nase voll von großen neuen Ideen, das aufstrebende Bürgertum forderte und entwickelte eine eigene Kunst und Kultur für sich, die unabhängig von feudaler Großmannssucht bestehen sollte.

Georg Büchner Lenz **Karl Gutzkow** Wally, die Zweiflerin **Annette von Droste-Hülshoff** Die Judenbuche **Friedrich Hebbel** Matteo **Jeremias Gotthelf** Elsi, die seltsame Magd **Georg Weerth** Fragment eines Romans **Franz Grillparzer** Der arme Spielmann **Eduard Mörike** Mozart auf der Reise nach Prag **Berthold Auerbach** Der Viereckig oder die amerikanische Kiste

ISBN 978-3-8430-1884-5, 444 Seiten, 29,80 €

Erzählungen aus dem Biedermeier II

Annette von Droste-Hülshoff Ledwina **Franz Grillparzer** Das Kloster bei Sendomir **Friedrich Hebbel** Schnock **Eduard Mörike** Der Schatz **Georg Weerth** Leben und Taten des berühmten Ritters Schnapphahnski **Jeremias Gotthelf** Das Erdbeerimareili **Berthold Auerbach** Lucifer

ISBN 978-3-8430-1885-2, 440 Seiten, 29,80 €

Erzählungen aus dem Biedermeier III

Eduard Mörike Lucie Gelmeroth **Annette von Droste-Hülshoff** Westfälische Schilderungen **Annette von Droste-Hülshoff** Bei uns zulande auf dem Lande **Berthold Auerbach** Brosi und Moni **Jeremias Gotthelf** Die schwarze Spinne **Friedrich Hebbel** Anna **Friedrich Hebbel** Die Kuh **Jeremias Gotthelf** Barthli der Korber **Berthold Auerbach** Barfüßele

ISBN 978-3-8430-1886-9, 452 Seiten, 29,80 €

Erzählungen der Frühromantik

1799 schreibt Novalis seinen Heinrich von Ofterdingen und schafft mit der blauen Blume, nach der der Jüngling sich sehnt, das Symbol einer der wirkungsmächtigsten Epochen unseres Kulturkreises. Ricarda Huch wird dazu viel später bemerken: »Die blaue Blume ist aber das, was jeder sucht, ohne es selbst zu wissen, nenne man es nun Gott, Ewigkeit oder Liebe.«

Tieck Peter Lebrecht **Günderrode** Geschichte eines Braminen **Novalis** Heinrich von Ofterdingen **Schlegel** Lucinde **Jean Paul** Des Luftschiffers Giannozzo Seebuch **Novalis** Die Lehrlinge zu Sais
ISBN 978-3-8430-1878-4, 416 Seiten, 29,80 €

Erzählungen der Hochromantik

Zwischen 1804 und 1815 ist Heidelberg das intellektuelle Zentrum einer Bewegung, die sich von dort aus in der Welt verbreitet. Individuelles Erleben von Idylle und Harmonie, die Innerlichkeit der Seele sind die zentralen Themen der Hochromantik als Gegenbewegung zur von der Antike inspirierten Klassik und der vernunftgetriebenen Aufklärung.

Chamisso Adelberts Fabel **Jean Paul** Des Feldpredigers Schmelzle Reise nach Flätz **Brentano** Aus der Chronika eines fahrenden Schülers **Motte Fouqué** Undine **Arnim** Isabella von Ägypten **Chamisso** Peter Schlemihls wundersame Geschichte **Hoffmann** Der Sandmann **Hoffmann** Der goldne Topf
ISBN 978-3-8430-1879-1, 408 Seiten, 29,80 €

Erzählungen der Spätromantik

Im nach dem Wiener Kongress neugeordneten Europa entsteht seit 1815 große Literatur der Sehnsucht und der Melancholie. Die Schattenseiten der menschlichen Seele, Leidenschaft und die Hinwendung zum Religiösen sind die Themen der Spätromantik.

Brentano Die drei Nüsse **Brentano** Geschichte vom braven Kasperl und dem schönen Annerl **Hoffmann** Das steinerne Herz **Eichendorff** Das Marmorbild **Arnim** Die Majoratsherren **Hoffmann** Das Fräulein von Scuderi **Tieck** Die Gemälde **Hauff** Phantasien im Bremer Ratskeller **Hauff** Jud Süss **Eichendorff** Viel Lärmen um Nichts **Eichendorff** Die Glücksritter
ISBN 978-3-8430-1880-7, 440 Seiten, 29,80 €

Karl-Maria Guth (Hg.)
Erzählungen der Frühromantik
HOFENBERG

Karl-Maria Guth (Hg.)
Erzählungen der Hochromantik
HOFENBERG

Karl-Maria Guth (Hg.)
Erzählungen der Spätromantik
HOFENBERG